JN122912

未来を拓く
スポーツ社会学

山田 明 編

みらい

執筆者一覧

■ 編　集

山田　明（やまだ　あきら）　九州共立大学

■ 執筆者一覧（五十音順）

伊藤　潔（いとう　きよし）　富士大学……………………………………第4章

大橋　充典（おおはし　みつのり）　久留米大学…………………………第11章

小丸　超（こまる　まさる）　駿河台大学………………………第2章・COLUMN1

佐藤　洋（さとう　よう）　明星大学………………………………………第3章

菅谷美沙都（すがやみさと）　上武大学……………………………COLUMN4

竹澤　恵菜（たけざわ　えな）　宮崎産業経営大学………………………第1章

永松　昌樹（ながまつ　まさき）　日本文理大学………………第5章・COLUMN2

野上　玲子（のがみ　れいこ）　日本女子大学……………………………第8章

波多野圭吾（はたのけいご）　神奈川大学………………………第9章・COLUMN3

花田　道子（はなだ　みちこ）　九州共立大学……………………………第10章

浜田　雄介（はまだ　ゆうすけ）　京都産業大学…………………………第12章

山内　章裕（やまうち　あきひろ）　大阪大谷大学………………………第6章

山田　明（やまだ　あきら）　九州共立大学………………序章・第7章・COLUMN5

はじめに

　近代スポーツは、危機的状況にあります。なぜなら、遊びの要素を持つ身体活動としてのスポーツに、病理現象が絶えないからです。日本では、2018（平成30）年に集中して発覚した、女子レスリング界でのパワーハラスメント、大学の指導者の指示によるアメリカンフットボールの悪質タックル、ボクシング界や体操界でのパワーハラスメントや組織のコンプライアンスの欠如など、マスコミを賑わせたのは記憶に新しいことです。また、世界のスポーツに目を向けてみると、オリンピックや国際大会でのドーピング問題やスポーツ競技に関わる政治的な問題が後を絶ちません。スポーツに関わる問題は、以前からその問題性を指摘されていたにもかかわらず、何ら改善されないまま現在に至っているのです。2020（令和2）年に東京で開催される予定のオリンピック・パラリンピックを控えた今こそ、スポーツを批判的に問い直し、その処方箋を明らかにするときでしょう。そうでなければ、スポーツはその文化性を失い、単なる商業的イベントに陥ることになります。

　一方、価値観の多様化を背景に生涯スポーツの時代を反映した手軽に楽しめるニュースポーツ、エクストリームスポーツやエンデュアランススポーツなどの困難性や耐久性を追求するスポーツなど、新たなスポーツも人気を博しています。2024（令和6）年のオリンピック・パラリンピックに採択される種目として、アメリカ発祥の民族的ダンスから発展したブレイクダンスもその候補にあがっています。スポーツの持つ本来の身体性や文化性が生かされたスポーツシーンを期待したいものです。

　さて本書は、スポーツの危機感を批判的に捉え、新しいスポーツの価値観を構想し、その課題を乗り越え、スポーツの未来に希望を託すことをテーマに、スポーツ社会学研究者の英知を結集した書籍です。章立ては、「成果主義の未来を問う—スポーツと教育—」「商業主義の未来を問う—スポーツと経済—」「グローバリゼーションの未来を問う—スポーツと政治—」「新しいスポーツの未来を問う」の4部構成とし、1部当たり3章の各論で内容を論じることにしました（全12章）。また、近年注目されているスポーツ事象として5つのコラムを設けました（身体論・スポーツファンの社会学・ジェンダー論・スポーツツーリズム・eスポーツ論）。スポーツをめぐる現代的諸課題の検討を通して、未来志向的なスポーツ社会学の構築を目指します。

　ここで、本書の特徴を5点述べておきます。

①本書のコンセプトである「スポーツにおける未来の可能性を考える」という企
　画意図に沿った明確な章立てとなっており、スポーツの未来をイメージしやす

い構成にしています。

②スポーツと成果主義（教育）・商業主義（経済）・グローバリゼーション（政治）との関係性からスポーツ社会学を考えるという斬新な章立てになっており、これらをふまえて新しいスポーツの形を問うことで、スポーツの未来を拓くリアル感を出しています。

③本書は12の章で構成されていますが、それぞれ完結した内容となっており、単なるコラム的な説明文（紹介文）に陥ることなく、質の高い内容を有しています。教科書として編集していますが、スポーツ社会学の先駆的論文集の意味も持っています。

④各執筆者は、本書の全体的コンセプトを把握したうえで、かつ各研究領域の現状をふまえ、スポーツの未来について示唆し、考える題材を提供することを共通認識としています。

⑤本書はテキストとして活用してもらうことを想定した書籍（教科書）であり、教員も学生も授業で活用しやすいように、各章が「導入・展開・まとめ」という流れのある構成にしています。

　本書は以上の点に特徴を持っています。本書をスポーツ社会学を学ぶ学生の方やスポーツに興味・関心のあるすべての方に読んでいただき、スポーツの危機感を批判的に捉え、新しいスポーツの価値観を構想し、その課題を乗り越え、スポーツの未来に希望を託す意識を共有していただきたいと考えています。

　結びに当たり、編者が示した企画趣旨に賛同し、多忙ななかでご執筆をいただいた著者の方々に、心より感謝を申し上げます。また、本書の出版をご提案いただきました株式会社みらいの企画部企画営業課の稲葉高士氏、企画段階から出版まで総合的なご助言をいただきました企画部企画営業課の吉村寿夫氏、編集過程を通してご指示をいただきました企画部企画編集課の西尾敦氏には大変お世話になりました。執筆者を代表してお礼を申し上げます。

2020年2月

編　者　山　田　明

目次

商業主義の未来を問う―スポーツと経済―

2

4

序 章

スポーツ社会学の未来を問う

1．スポーツへの期待と社会的病理

　この章を執筆している2019（令和元）年12月現在、今年もスポーツ界から国民を感動させる明るいニュースが数多く発信された。例えば、八村塁選手のアメリカNBAデビュー、バドミントン世界選手権での男子シングルス桃田賢斗選手と女子ダブルス松本麻佑・永原和可那ペアの大会連覇、9～11月の長期開催となったラグビーワールドカップ日本大会での初のベスト8進出、バレーボールや卓球のワールドカップでの上位入賞など、日本人選手が世界的規模の大会で健闘した。2020（同2）年開催予定の東京オリンピック・パラリンピックを前に、スポーツの話題で日本が沸き立つ1年でもあった。

　しかし、明るいニュースと同時にスポーツをめぐる病理的現象も相変わらず起こっている。いくつか紹介しよう。第一は、パワーハラスメントの問題である。10月にサッカーJリーグ湘南ベルマーレの曹 貴裁（ちょう きじぇ）監督が、クラブ関係者や選手へのパワハラを認め退団した。12月には全日本テコンドー協会の金原昇会長が、同会長と協会のパワハラを理由とした強化合宿ボイコット事件（9月の合宿に28名中26名が不参加）を受け、会長職を退くと会見した。選手側は、同協会の組織的な環境改善を求めている。

　第二は、体罰および暴力事件である。アマチュアスポーツでは、4月に強豪として知られる兵庫県尼崎市立尼崎高校の男子バレーボール部で、部員がコーチに暴力を受け一時意識を失い、鼓膜裂傷のけがをする体罰事件が発覚した。10月には、鹿児島県の出水中央高校のサッカー部で、練習中に男性教師が生徒の顔を殴るなどした映像がネット上で拡散した。同サッカー部は、2019（令和元）年の県大会で準優勝した強豪であるが、同監督は9月にも別の生徒を殴り、校長から指導を受けていた。プロスポーツにおいても、6月に広島カープの緒方孝市監督が、横浜DeNA戦で緩慢なプレーをした選手を試合後に平手で複数回叩いた事実が内部報告で発覚した。新聞報道によると「監督の気持ちは理解しており不平不満はない。この問題を大きくしたくない」とのコメントが選手からあった。被害者が我慢すべき問題だと意識しているところにスポーツと暴力の問題の深刻さが現れている。

　第三は、禁止薬物の使用やドーピングの問題であり、スポーツにおける社会的

病理の最たるものの一つである。9月には、ラグビー・トップリーグのトヨタ自動車の元選手が現役当時にコカインを所持していたとして、麻薬取締法違反で有罪判決を受けた。同チームの外国人選手から譲り受けたとしているが、薬物所持について罪の意識はなかったという。

　これらは、何度も繰り返されている病理的事象の事例であり、スポーツの本質を置き去りにした勝利至上主義に根差す現代的なスポーツの課題である。スポーツは文化であり、人間の生活を豊かにし、社会を向上させるものである。現在は生涯スポーツの時代ともいわれ、スポーツは人間の社会生活にとって重要な存在となった。本書は、スポーツをめぐる諸課題について、スポーツ社会学という学問を通し批判的に検討することで、未来へのスポーツのあり方を問うものである。

2．スポーツ社会学で何を学ぶのか

（1）スポーツ社会学とは

　スポーツ社会学とは、スポーツが持つ多様な社会事象について社会学的アプローチから分析し、問い直す学問領域である。社会学は、人間の社会的行為と関連付けながら、社会生活・社会組織・社会問題などの仕組みを明らかにしようとする学問であり、現実の課題の解決に寄与する社会科学の一部門である。よってスポーツ社会学とは、社会学の理論的分析手法を活用して、スポーツの役割や機能を検証し改善する学問である。スポーツが、豊かな人生を送るための楽しく自発的で自由な身体活動だとすれば、スポーツ社会学はこれに反する現象を指摘し、改善への見通しを示すことが使命である。

　近代スポーツの本質は「遊び」である。「遊び」とは目的に縛られることのない行為であり、それ自らの営みである。ドイツの詩人フリードリヒ・フォン・シラー（Friedrich von Schiller）の言葉に、「人間は遊戯しているときだけ真の人間である」という格言がある。スポーツ社会学は、スポーツという世界共通の文化について現状診断し、建設的な議論をすることを通して改善の見通しを拓く学問である。

　スポーツ社会学の目的は、スポーツの文化としての本質（遊び・遊戯・プレイ）（以下「遊び」）への原点回帰、社会の変容と時代のニーズに沿ったスポーツの展開を目指すことである。そのことがスポーツの社会的振興につながり、ひいては持続的社会の構築にも結実する。そして、明らかにしなければならないことは、スポーツと社会の関係性、スポーツと人間の関係性についての知識と理解、スポーツの功罪である。スポーツに関する社会事象についての原因分析、未来志向的な多角的検討を社会学というツールを活用し、批判的・実証的分析を通して課題解決を目指したい。そもそも社会学は、その学問上の性格として一つの正解を導く

というものではない。本書では、21世紀におけるスポーツの多様な社会的機能や役割を問い直し、未来への展望を広い視野で探求する。

（2）スポーツ社会学が検討すべき課題

　ここで、スポーツ社会学を通して検討すべき視点を示しておきたい。

　第一は、スポーツの大衆化と高度化である。1980年代の生涯学習社会の到来とともに、健康やスポーツがすべての世代に必要とされる時代となった。これは地域スポーツ、生涯スポーツと呼ばれているが、スポーツが身近になり大衆化したのである。併せてアマチュアスポーツやプロスポーツの振興で競技スポーツの高度化も現出した。スポーツの高度化は、勝つことへの強制、いわゆる勝利至上主義につながる結果ともなった。これらスポーツにおける大衆化と高度化という2つの事象の二極化が、現在のスポーツの課題（パワハラ問題・体罰および暴力事件・禁止薬物の使用およびドーピング等）の根幹にあると考えられる。また日本においては、スポーツにおける自由な身体活動という概念と体育という強制を伴う教育が混同される文化的風土の存在も、スポーツの課題を引き起こしている一因とも考えられている。

　第二は、スポーツへの関わり方を軸とした視点でみる課題領域である。2010

表序－1　スポーツとの関わり方を軸としたスポーツ社会学の課題領域

スポーツとの関わり方	スポーツ社会学におけるテーマ例
する人	①スポーツ文化 ②禁止薬物・ドーピング ③権利（スポーツ権） ④セカンドキャリア ⑤アマチュアリズム ⑥組織及び集団 　パワハラ・ガバナンス ⑦政治的利用 ⑧経済的効果 ⑨商業主義 ⑩ナショナリズム
観る人	①スポーツメディア ②グローバリゼーション ③オリンピック・ワールドカップ
支える人（育てる人）	①教育 ②スポーツマネージメント ③スポーツ政策 ④生涯スポーツ・地域スポーツ ⑤障がい者（パラ）スポーツ

注：スポーツとの関わり方に示した「する人」「観る人」「支える人（育てる人）」の対象は次の通りである。する人（一般大衆、アマチュアスポーツ選手・プロスポーツ選手）、観る人（一般大衆）、支える人［育てる人］（教育者、コーチ等技術指導者、ボランティア）。

（平成22）年に策定されたスポーツ立国戦略によると、スポーツへの関わり方として、「する人」「観る人」「支える人（育てる人）」という概念が示されている。これらのスポーツとの関わり方と社会学としての課題との相関について検討することが重要である。具体的検討事例は、表序－1を参照していただきたい。スポーツ社会学がこれらの視点に立ち、具体的な課題を社会学の理論を活用して、一つひとつ丁寧に検討することで、未来志向のスポーツのあり方が見えてくる。

3．本書の構成

　スポーツを文化という視点でみると、文化としてそぐわない社会現象としてのスポーツは批判され変わらざるを得ない。そこにスポーツの未来が期待できる。本書では、スポーツ社会学の使命およびスポーツ社会学が検討すべき視点をふまえ、①成果主義の未来を問う―スポーツと教育―、②商業主義の未来を問う―スポーツと経済―、③グローバリゼーションの未来を問う―スポーツと政治―、④新しいスポーツの未来を問う、の4部構成で課題を検討した。

（1）成果主義の未来を問う―スポーツと教育―

　近代スポーツの根本的な誤りは、自由な身体活動であるスポーツが「遊び」という自由性を喪失したことである。人間は「遊び」という価値観に起源を持つスポーツにおいて、競技や試合に勝つことで名誉・地位・金銭を得ることにも価値観を見出した。人間の価値観は十人十色と言われるように多様であり、スポーツに関する価値の選択が可能になったわけである。しかし、過度の勝利至上主義やナショナリズムはスポーツ本来の意味を喪失させ、その自由性を奪ったがゆえに課題が噴出する状況を生み出した。そこで第1部では、「成果主義の未来を問う」というテーマを設定し、スポーツにおける「遊び」の喪失を文化や教育との関係性において検討する。

（2）商業主義の未来を問う―スポーツと経済―

　スポーツにおける商業主義は、現在では、スポーツ産業やスポーツビジネスとしてスポーツの振興に重要な役割を果たしている。例えば、国際オリンピック委員会（IOC）が得た利益は、大会の運営費だけでなく各種競技の普及や幅広いスポーツの振興に活用されている。日本では、スポーツ庁と経済産業省が2016（平成28）年に「スポーツ産業の活性化に向けて」のなかで、2020年東京オリンピック・パラリンピック後を見据えてスポーツで収益を上げ、その収益をスポーツへ再投資する自律的好循環の形成を提言し、スポーツ市場の創出を表明している。しかしバランスを欠いた過度の商業主義は、第1部で検討する「スポーツの成果

主義」とも関連して、スポーツ本来の文化性を失わせることになり、単なる商業イベントに陥ることになるだろう。そこで第2部では、スポーツと経済の視点から「スポーツの商業主義」を検討する。

（3）グローバリゼーションの未来を問う―スポーツと政治―

　グローバリゼーションは地域の諸社会がグローバルに一体化する状況をいうが、そこにローカリティをどのように位置付けることができるのだろうか。21世紀の時代は、ますます多様性の世界観が主流となるであろう。例えば、民族スポーツなどのローカルなスポーツが世界の国々で興味・関心が持たれ普及していく過程のなかで、その文化性・歴史性も合わせて受け入れられ、文化が共有されていくことが期待される。そこで第3部では、スポーツにおけるグローバリゼーションとローカルなスポーツの文化的価値の共存についての課題、オリンピックとナショナリズム論、グローバルなスポーツの発展に寄与するローカルな地域スポーツ（新しい公共）という政治的課題を通して、未来のスポーツのあり方を検討する。

（4）新しいスポーツの未来を問う

　第4部では、アダプテッドスポーツ、エクストリームスポーツ、エンデュランススポーツなど、近代スポーツでは語り切れない多様性の象徴としてのスポーツについて検討する。このような新しいスポーツと呼ばれる領域は、すべての世代が多様なニーズを通して楽しむことができるスポーツの可能性を秘めている。万人を引きつけるという意味で、未来のスポーツの発展に期待を持つことができる存在である。エクストリームスポーツやエンデュランススポーツの普及については、従来、主催者や活動している人の周辺で成り立っていたマイナーなスポーツであったものが、近年のソーシャルメディアの普及により広範囲で情報共有が可能になったことが大きい。また、「する人」「観る人」「支える人（育てる人）」というスポーツに関わる人の交流が、その促進につながっている事も重要な要因となっている。アダプテッドスポーツについては、2020年東京オリンピック・パラリンピックを控え、障がい者と健常者の枠を取り払った、いわゆるノーマライゼーションの具現化に期待が集まっている。すべての人が楽しめ、競技ができるパラスポーツの普及に見通しが持てるようになってきた。このように第4部では、オルタナティブの視点に立った新たなスポーツシーンを検討する。

1

成果主義の未来を問う
―スポーツと教育―

第1章
スポーツの本質と文化としてのスポーツ

● 第1章の学びのポイント ●

　本章では、世界共通の文化として存在するスポーツの本質と、それが危機的状況となる現在、私たちには何ができるのかを考える。その際、以下の3点が学びのポイントとなる。
・スポーツの根源である「遊び」の概念を知ろう。
・スポーツと遊びの関係性を理解し、スポーツに起きている問題点について考えてみよう。
・文化としてのスポーツの特徴や社会的役割を理解しよう。

■ 1　「スポーツ」とは何か

1.「スポーツ」の語源と意味の変遷

　私たちは「スポーツ」という言葉を日常のあらゆる場面で見聞きすることがあるが、スポーツを日本語に置き換えるとどのような意味になるだろうか。「運動」はExercise・Fitnessであるし、「身体活動」はPhysical activity、「体育」はPhysical educationであり、スポーツを日本語で一概に表すのは困難である。

　スポーツは英語の「sport」に由来する外来語であり、語源はラテン語の「deportare（休養・気晴らし・遊び・娯楽）」の意味から変化した言葉である。図1-1にあるように、スポーツの意味の変遷は、その時代や社会における休養・気晴らし・遊び・娯楽に深く関わっているのである。また、今日のスポーツにおいても、人々や社会がスポーツに求めるものは常に変容し、「スポーツ」という言葉を用いる人々の生活と関わりながらその意味は多義にわたっている。

2.国際共通語としてのスポーツ

　スポーツが日本に入ってきたのは、20世紀前半、明治期の文明開化の時代であ

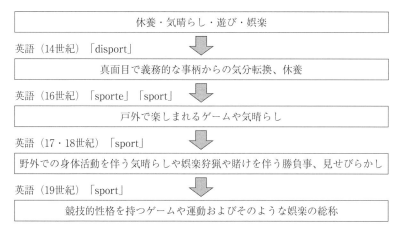

図1－1　スポーツの意味の変遷

出典：日本スポーツ協会編『公認スポーツ指導者養成テキスト共通科目Ⅰ』2005年　p.35を一部改変

る。日本は急速に西洋化し、国際交流も活発になったことで、学問や技術とともにスポーツも取り入れられた。特に、高等教育機関を通じて移入され、普及したため、日本のスポーツは教育の一環として結び付ける考え方が強く、極めて体育的な考え方を持って取り入れられたのである。日本がスポーツと教育を関連付け、部活動という日本特有の文化を生み出したように、スポーツは地理的・社会的に拡大することで、一層の多義化を生み出すことになる。当然、そこにはさまざまなスポーツの捉え方・考え方・解釈や価値観が存在し、スポーツの定義・領域に関する問題が提起されたのである。

　そこで、国際共通語としてスポーツの定義・領域を提言し、全世界のスポーツの概念を統一するために開かれたのが、1964年の東京オリンピック・スポーツ科学会議である。その後、4年間の検討を重ね、1968年のメキシコオリンピック・スポーツ科学会議にて「スポーツ宣言」が採択された。スポーツ宣言の内容は次の通りである。

①スポーツの定義
　スポーツとは、「遊戯の性格を持ち、自己または他人との競争、あるいは自然の障害との対決を含む運動」である。
②スポーツのフェアプレーの強調
　フェアプレーのないところには、真のスポーツは存在しない。
　ドーピングやさまざまな不正の取り締まりを強化し、公平にスポーツを行う。
③スポーツの多様性を認める
　スポーツを単一のカテゴリとして捉えるのは困難であり、学校におけるスポーツ、レジャーにおけるスポーツ、チャンピオンシップにおけるスポーツなどスポーツの多様性を認める。

「スポーツ宣言」によって、国際共通語としてのスポーツの定義が、遊戯性を第一条件にしたことは、当時の日本に大きな影響を与え、軍隊や集団行動の規律の手段とするスポーツ観を一掃させる出来事となった。

　その後、スポーツの発展とは別に、健康不安や自由時間の増大などによって、社会的にスポーツの必要性が高まると、1975年の「ヨーロッパ・みんなのスポーツ憲章」によって、スポーツをすることがすべての個人にとっての権利であることがうたわれた。これにより、日本でも1980年代には「みんなのスポーツ（Sport for All）」をキャッチフレーズとし、女性や高齢者を含む一般市民を対象にスポーツ大衆化政策が行われ、「権利としてのスポーツ」が大々的に取り上げられた。

■ 2　遊びの概念

　先の「スポーツ宣言」など、さまざまなスポーツの定義のなかにおいて、「遊戯・遊び・プレイ」の性格がスポーツの根本にあることが第一に記されており、遊びこそがスポーツの基本である。遊びをすることに目的はなく、そこに運動の楽しさが内在的にあるのみである。遊びの基礎理論については、現代のスポーツの概念の基盤をつくってきたともいえる代表的な研究者のホイジンガ（J. Huizinga）やカイヨワ（R. Caillois）が、遊びの文化的価値について説いている。ホイジンガは、『ホモ・ルーデンス』のなかで、文化機能としての遊びの役割を明確にし、遊び自体の基本的な性格を分析し、明確に記述した[1]。その後、カイヨワによる『遊びと人間』のなかでは、それがさらに細かく検討されている。ここでは、スポーツの基盤となった遊びの考え方について紹介していく。

1．ホイジンガにおける遊びの概念

（1）遊びから始まる文化

　ホイジンガは、「人間とは、ホモ・ルーデンス＝遊ぶ人のことである。人間文化は遊びのなかにおいて、遊びとして発生し、展開してきたのだ」[2]と主張し、遊びは文化に先行し、あらゆる人間文化は遊びから形成されたものであると説いている。

（2）遊びの定義

　ホイジンガは遊びを、人間行動や文化をつくり出すすべてのものの原点であると主張し、人々を誘い込み夢中にさせるもの、それこそが遊びの持つ楽しさであるとしている。遊びというものは、人々に緊張、喜び、おもしろさを与えるもの

であり、特に「おもしろさ」は、遊びの本質的なものであると定義している。

（3）遊びの形式的特性

　ホイジンガは遊びの形式的特性として、以下の5つをあげている[3]。

　①自由な時間に行う自由な行為、活動である。

　②非日常的な活動である。

　③利害性のないものである。

　④時間的・空間的に隔離されたものである。

　⑤特定のルールの支配

　これらを総合すると、遊びの特性とは、自己啓発的な自由な、どこか日常とはかけ離れた活動である。また、自発的に受け入れられた特定のルールの支配や時間的・空間的な拘束が必要であり、それらを受け入れ行った先には、緊張や喜びなどのさまざまな感情が伴い、またそれが非日常的な活動となっているのである。

（4）スポーツにおけるホイジンガの遊びの概念

　前述の通りホイジンガは、「人間文化は遊びのなかにおいて、遊びとして発生し、展開してきた」と述べている。彼の遊びの概念によると、文化の一つであるスポーツは遊びから生まれたことになる。スポーツ基本法の前文に掲げられている「スポーツは世界共通の文化である」は、遊びを基調とした文化とスポーツのあり方の関係性を示したものと解される。

　ホイジンガは遊びとは遊びそのものであり、遊びのおもしろさが遊びの本質であるとし、「おもしろさは、どんな分析も論理的解釈も受けつけない」[4]とまで述べている。ゆえにスポーツの本質は、何をおいてもおもしろさに尽きるということになる。ホイジンガは、遊びの形式的特徴である自由な行為とおもしろさを求めるスポーツを妨げる状況に警告を発している。例えば、「近代社会では、スポーツはしだいに純粋な遊びの領域から離れていく」[5]や「現代社会においてスポーツは本来の文化過程の脇に外れて位置」[6]していると述べている。オリンピックや国際競技大会の政治的、功利的な行為が現出してきたところに現代スポーツの病理的現象を予言しているのである。

　ホイジンガが指摘したスポーツの本質を妨げる原因を取り除くこと、つまり遊びの復活、遊びの再生によりスポーツの未来が拓けてくるのではないだろうか。この課題は世界的規模の難題であることは言うまでもない。ホイジンガの遊びの概念を再考するという原点回帰から始める重要性がここにある。

２．カイヨワにおける遊びの概念

カイヨワは、ホイジンガの遊びの概念である「ホモ・ルーデンス（遊ぶ人）」理論を補い、拡張した。遊びの分類において、遊戯性と競争性に着目した4分類はカイヨワの成果である。

（１）遊びと文化は同時並列

カイヨワは、ホイジンガの「遊びは文化に先行する」という主張に対し、遊びと文化を平等に扱い、遊びが先の場合も文化が先の場合もあるとした。両者の相互作用の結果として遊びと文化が存在すると捉え、両者の同時存在性、平等性を主張するものである[7]。

（２）遊びの定義

カイヨワは遊びを、それを支配する基本的衝動（人間の本能）が、安定することなくさまよい漂流する姿であるとし、遊びの定義として以下の6つを示している[8]。

　①自由な活動。すなわち、遊びが強制されないこと。むしろ強制されれば、遊びはたちまち魅力的な愉快な楽しみという性質を失ってしまう。

　②隔離された活動。すなわち、あらかじめ決められた明確な空間と時間の範囲内に制限されていること。

　③未確定な活動。すなわち、ゲーム展開が決定されていたり、先に結果がわかっていたりしてはならない。創意の工夫があるのだから、ある種の自由が必ず遊ぶ者の側に残されていなくてはならない。

　④非生産的活動。すなわち、財産も富も、いかなる種類の新要素もつくり出さないこと。遊ぶ者の間での所有権の移動を除いて、勝負開始時と同じ状態に帰着する。

　⑤規則のある活動。すなわち、約束ごとに従う活動。この約束ごとは通常法規を停止し、一時的に新しい法を確立する。そしてこの法だけが通用する。

　⑥虚構の活動。すなわち、日常生活と対比した場合、二次的な現実、または明白に非現実であるという特殊な意識を伴っていること。

　以上の定義はホイジンガの「遊びの形式的特性」とほとんど同じであるが、カイヨワは、④非生産的活動、⑥虚構の活動も遊びであることを加えている。

（３）遊びの分類

カイヨワは、遊びを分類すべきであるとし、遊ぶ者の心理的態度をもとに4つに分類した（表1－1）。

表1-1　カイヨワによる遊びの分類

分類	説明
	（パイディア：Paidia ◀──────▶ ルドゥス：Ludous）
アゴーン Agōn　競争	現実の社会では不可能に見える出発点での平等を人為的に設定し、自力だけで、ルールに従って勝敗を争う。 （競走　　　　　　　　　　　　　　　　　　　　　　スポーツ競技）
アレア Alea　機会	自らはなんら努力することなく、すべてを偶然に期待することである。 （サイコロ　　　　　　　　　　　　　　　　　　　　　　　　　カジノ）
ミミクリー Mimicry　模擬	模擬、仮装によって、一時的に自分の人格を捨てて別の人格を装い、そこに解放の喜びを味わうものである。 （人形遊び　　　　　　　　　　　　　　　　　　　　　　　　　演劇）
イリンクス Ilinx　眩暈	つかの間知覚の安定をくずし、心地よいパニックを経験しようとする。 （ブランコ　　　　　　　　　　　　　　　　　　　バンジージャンプ）

出典：R.カイヨワ（清水幾太郎・霧生和夫訳）『遊びと人間』岩波書店　1970年　pp.55、竹之下休蔵『プレイ・スポーツ・体育論』大修館書店　1972年　pp.151-152を参考に作成

　この4つの分類のなかでスポーツは、①アゴーンが制度化され組織化されたものとして位置付けられている。また、遊びをパイディアとルドゥスという2つの極に区分し、自発的で本能的な遊び（パイディア）の発生から、規則的でより文化的意義と創造性を持つ遊び（ルドゥス）までの多様性があることを示した。

3　遊びとスポーツ

　グートマン（A. Guttmann）は、スポーツとは「『遊びの要素に満ちた』身体的競争」[9]であると定義している。またジレ（B. Gillet）は、スポーツを「遊戯、闘争、激しい肉体活動」[10]と例え、数多く存在する定義のなかでも代表的なスポーツの定義を示している。前節までの繰り返しになるが、いずれも共通するのは、スポーツには遊びの要素があるということである。カイヨワの遊びの分類からも、「遊び」のなかにある競争という要素が「ゲーム」と考えられている。つまり、遊びのなかで生まれた「競争」の要素を持つものが「ゲーム」となり、激しい肉体活動を伴うことで「スポーツ」と呼ばれるのである。

　遊びもスポーツも、そこでの経験が遊びの本質から遠ざかるほど、例えば体力や運動能力を高めることや強い心を養うための手段に大人がしてしまえばしまうほど、おのおのの子どもにとってはスポーツをする意味を見出しにくくなり、ただ体を動かされる苦役になっていきかねない[11]。今日のスポーツはこういった意味で、大変危機的状況にある。なぜなら、スポーツの発展とともに、スポーツの本質である遊びの要素が失われつつあるからである。すでにホイジンガは、「スポーツは遊びの領域から去っていく」[12]とスポーツの本質が変わっていく危機

的状況を示唆している。こうした今日のスポーツの現状として、以下の2つの課題があげられる。

❶子どものスポーツ

子どもの「孤立化した遊び」や、塾通いなどの低年齢化により、子どもの心身の発達はバランスを崩している。そのため、スポーツを習い事として幼いころからさせる親が多くなってきている。子どもが自由にかけっこなどをする、その場でルールを決めてボール遊びをするなどの「遊び」としてのスポーツは、習い事として大人の指導のもとで行われ、時間やルール、練習の方法に大人が介在することで、「競技」としてのスポーツとなる。ここで、気を付けなければならないのは、低年齢の時期から「競技」としてのスポーツにふれることは、子どもたちの「遊び」としてのスポーツ経験を少なくしているということである。つまり、それはスポーツをすることの内在的価値を経験することを減らし、勝利といった外在的価値を経験することを増やすことである。そういった意味では、私たち大人がスポーツ経験そのものを人間と社会にとって価値を持つ自己目的的（内在的）な活動として認識し、「スポーツ目的論」を重要視し、勝利や教育を目的とする「スポーツ手段論」に固執しすぎないことが必要である。

❷競技としてのスポーツ

スポーツのなかでも「競技スポーツ」については、深く考える必要がある。西村は、遊びとスポーツの違いについて、「遊び」は競争が行われるなかで勝負への固執よりも駆け引きを楽しむことに重点が置かれているが、競技スポーツは相手を打ち負かす、つまり勝利にこだわる闘争であることを指摘している[13]。

つまり、競技スポーツは、遊びのなかの「闘争」という要素が際立って追求された肉体活動である。そう考えると、「遊び」としてのスポーツと「競技」としてのスポーツは特に分類して考える必要があるのかもしれない。近年のスポーツの暴力問題等は、これらの「競技スポーツ」のなかで闘争のみが先立ち、指導者が選手を「勝利を得るための闘争の手段」として用いてしまったために起こった問題である。指導者は、選手がスポーツをすることを尊重し、スポーツの根源が遊びや競争の楽しさにあるということを忘れてはならないのである。

■ 4　文化としてのスポーツ

1．スポーツ文化の捉え方

文化とは、「人類がみずからの手で形成・継承（伝承）してきた物心両面にわたる（有形・無形の）成果の総体」[14]を意味する言葉である。例えば、日本の

食文化で考えてみるとする。箸を使って食事をするということは、日本人であれば幼いころから暮らしのなかで習慣付けられてきたことである。しかし、アフリカやインド、東南アジアでは手を使って食べ物を口に運ぶ手食文化がある。このように、食文化一つをとっても、その国の文化はさまざまである。つまり、人間は、自らの置かれた環境でその文化を自然と学習してきたのである。そうした意味で、世界共通語としてのスポーツは、「世界共通の文化」である。では、スポーツ文化とは何なのだろうか。

　「スポーツ宣言」による定義などのように、スポーツの定義はさまざまであるが、『広辞苑　第六版』によれば、「余暇活動・競技・体力づくりとして行う身体運動」と示されている。また、2012（平成24）年に文部科学省が策定した「スポーツ基本計画」によると、スポーツとは「体を動かすという人間の本源的な欲求に応え、精神的充足や楽しさ、喜びをもたらすもの」と定義されている。ここで注目したいのは、スポーツは第一に人間が生活のなかでの余暇時間を利用して行う活動であるということと、自らの欲求のもとに行う体を使った活動であるということである。さらに、2017（同29）年に策定された「第2期スポーツ基本計画」では、「スポーツを『する』ことで、スポーツの価値が最大限享受できる」、また、「スポーツを『する』『みる』『ささえる』ことでみんながその価値を享受できる」と示されている。つまり、スポーツ文化とは、スポーツの関わり方の多様性を基盤に、スポーツを通じて多くの人が交わり共感することで社会を形成していく文化の一つである。

2．スポーツがもたらす影響力

　スポーツの多様性がより一層広がるなかで、今やスポーツは各個人の豊かな人生や生活・暮らしにだけでなく、わが国の社会政策・経済全体にも大きな影響を及ぼすだけの潜在的・顕在的パワーを有するようになってきている[15]。30年ほど前にも、アメリカの社会学者であるセージ（G. Sage）は、「スポーツは、教育、経済、芸術、マスメディア、さらに国際関係にまで入り込んだ社会現象である」[16]と述べている。今日のスポーツもまた、多くのアスリートの健闘に感動し、心打たれ、人々が一つになる力を有している。オリンピックやワールドカップなどのメガイベントは、国が一つになるプラスの効果を社会にもたらしているだろう。一方で、いまだ消え去ることなく国家ぐるみにまで拡大したドーピングの問題は、スポーツの発展とともに不正を行う側と取り締まる側の技術競争になってきているように思える。しかし、功罪どちらにおいても、スポーツが世界的に高い影響力を社会に有していることはいうまでもない。

3．スポーツ文化の特徴

　スポーツは時代や社会のさまざまな影響を受けつつも、スポーツ独自の時空間を生み出し、人類共通の文化、すなわち「スポーツ文化」をつくり出している。スポーツ文化は他の文化と異なる3つの特性を持つ[17]。

　1つ目は、体を基盤にした文化である。スポーツは、体を介して「運動する」という体験を通してその特性と魅力を最大限に知ることができる。いわゆる「する」スポーツのことを指す。スポーツは、「仲間とのコミュニケーション」「身体と身体のコミュニケーション」「尊厳に基づく人格の形成」「持続の重要性」などの体の健康を基盤にしたこのような性格を持つ。つまり、スポーツは人々が生活の質を豊かに、充実して送るために欠かせないものなのである。

　2つ目は、自己目的的な身体活動である。1964年の東京オリンピックにおいて、国際スポーツ・体育協議会(ICSPE、現：国際スポーツ科学・体育協議会[ICSSPE])は、「プレイの性格を持ち、自己または他人との競争、あるいは自然の障害との対決を含む運動はすべてスポーツである」[18]と定義している。つまり、スポーツの本質は「プレイ（遊び）」であり、自己目的的な営みであり、挑戦する楽しさや喜びを味わうことができるものである。このように、スポーツは本来、外在的価値を持つものではなく、スポーツそのものが意味と価値を持つ内在的価値のある活動である。

　3つ目は、スポーツの基盤としてのスポーツマンシップとフェアプレーの精神である。「スポーツマンシップ」とは、スポーツをするなかで、スポーツマンが相手や、審判など立場の違う人、物を尊重していく精神である[19]。また、フェアプレーとは、『広辞苑　第六版』によると、「（1）運動競技で、正々堂々たるふるまい。（2）公明正大な行為・態度」とされている。つまり、スポーツの基盤には、他の人や物を尊重し、公平に行うという精神があり、そのことによってスポーツの価値を見出すことができるのである。

4．スポーツ文化の構成要素

　人類共通の文化であるスポーツ文化は、前述したような独自の特徴と共通性を持ちながら世界中に遍在している。スポーツ文化の構成要素は、以下の3つの視点から捉えることができる[20] [21] [22] [23]。

❶スポーツ観

　スポーツ観とは、スポーツが人間と社会の関わりの間において、どのような意義を持つかについて判断するための基本的なスポーツの価値観のことである。スポーツの存在意義や役割を明確にし、それが人間や社会にとって正当性のあるも

のとして方向付けることができてこそ、スポーツの価値が広く認められるのである。またスポーツ観は、スポーツをどのように価値付けるかによって、大きく２つの考え方に分かれている。

　１つ目は、「スポーツ手段論」である。社会的課題の解決を目的としたときに、その目的を実現する手段（道具）としてスポーツを正当化し、そこにスポーツの外在的価値を見出す考え方である。スポーツの効用は多岐にわたり、その可能性は計り知れない。例えば、人々の身体や精神の健康（スポーツと健康）、人格形成（スポーツと教育）、社交や団結と連携（スポーツの統合的機能）、スポーツの発展による企業やアスリートの増収効果（スポーツと経済）、政治的機能、メディア機能など、スポーツがもたらす影響はさまざまであり、この効用を求めて、人々はスポーツを目的実現のための手段とする。

　２つ目は、「スポーツ目的論」である。スポーツ文化に内在する本質的かつ人間的価値（スポーツの内在的価値）を重要視し、スポーツ経験そのものが人間と社会にとって意味と価値を持ち、人間の欲求充足のための自己目的的な活動としてスポーツを意味付けしようとする考え方である。つまり、人間の競争・卓越・自己表現等のプレイ欲求に基づいて、スポーツ自体を自由に楽しんでいこうという立場である。

❷スポーツ行動様式

　スポーツ行動様式とは、スポーツ観より意義のあるものにするための具体的な行動である。また、その行動基準を示したものが「スポーツ規範」である。「スポーツ規範」には、スポーツの参加資格規定やルールなどの法的規範と、マナー、エチケット、スポーツマンシップやフェアプレーなどの道徳的規範があり、法的規範の違反に対しては、具体的な罰（制裁）を課される。道徳的違反には具体的制裁はないが、スポーツに対する品位が問われ、卑下される。

　また、スポーツ行動様式は、「スポーツ技術・戦術・戦略」や、「スポーツ組織・制度」からも構成されている。これらは、それぞれのスポーツ種目を構成し、その価値を示すために必要不可欠なスポーツ行動様式である。

❸スポーツ物的事物

　スポーツを行ううえで、安全性の確保、競争の平等性の保障、運動を効率的・合理的に進めていくために工夫・改善されてきた施設・設備、用具、衣服などである。また、障がい者スポーツの領域では、障がいのある人々の参加を支援し、保障するものでもある。

【引用文献】

1）室星隆吾「現代スポーツの概念に内在するプレイ論の影響について」『東京学芸大学紀要』第5部門第33集　東京学芸大学　1981年　p.223

2）ホイジンガ（高橋英夫訳）『ホモ・ルーデンス』中央公論新社　1973年　p.12

3）小川純生「ホイジンガの「遊び」概念と消費者行動」『経営研究所論集』第23号　東洋大学経営研究所　2000年　pp.167-186

4）J. ホイジンガ（里見元一郎訳）『ホモ・ルーデンス―文化のもつ遊びの要素についてのある定義づけの試み―』講談社　2018年　p.3

5）同上書4）p.3

6）前掲書4）p.3

7）小川純生「カイヨワの遊び概念と消費者行動」『経営研究所編集』第24号　東洋大学経営研究所　2001年　pp.293-311

8）同上書7）pp.293-311

9）笹川スポーツ財団「スポーツとは何か」
http://www.ssf.or.jp/history/essay/tabid/1112/Default.aspx（2019年8月1日閲覧）

10）同上9）

11）井上俊・菊幸一編『よくわかるスポーツ文化論』ミネルヴァ書房　2012年　p.83

12）前掲書7）pp.293-311

13）西村清和『遊びの現象学』勁草書房　1989年　pp.26-33

14）同上書13）pp.26-33

15）前掲書13）pp.26-33

16）寒川恒夫「人間にとってスポーツとは何か―スポーツ人類学の視点から―」『学術の動向』第11巻第10号　2006年　pp.13-17

17）日本スポーツ協会編『公認スポーツ指導者養成テキスト　共通科目Ⅰ』2005年　pp.46-47

18）前掲9）

19）林直樹「スポーツと共生―スポーツマンシップの観点から―」『共生科学』第6巻第6号　日本共生学会　2015年　pp.81-86

20）前掲書1）p.223

21）前掲書7）pp.293-311

22）中西純司「文化としてのスポーツの価値」『人間福祉学研究』第5巻第1号　関西学院大学人間福祉学部研究会　2012年　pp.7-24

23）佐伯聰夫「スポーツの文化」菅原禮編『スポーツ社会学の基礎理論』不昧堂出版　1984年　pp.67-98

【参考文献】

・関春南「"現代スポーツ"の概念的把握のための視座について」『一橋大学研究年報』一橋大学　2000年

・竹之下休蔵『プレイ・スポーツ・体育論』大修館書房　1972年

・日本オリンピック委員会「オリンピズム」
https://www.joc.or.jp/olympism/education/（2019年8月1日閲覧）

・広瀬一郎『新しいスポーツマンシップの教科書』学研プラス　2014年

・文部科学省「スポーツ基本計画」
http://www.mext.go.jp/a_menu/sports/plan/（2019年8月1日閲覧）

第**2**章

スポーツ指導の社会学
―暴力的指導を超えて―

● 第2章の学びのポイント ●

　本章では、スポーツ指導と社会との関連について考察するが、その際、以下の3点が学びのポイントとなる。
・スポーツ界における暴力的指導の実態を把握するとともに、暴力的指導につながるスポーツ指導の特殊性について理解しよう。
・暴力的指導を社会現象として捉え、特に体罰問題の背景にある社会関係や社会構造について理解しよう。
・気づかせる指導（超社会化モデル）―暴力的指導（社会化モデル）とは異なる―の理論と実践について理解しよう。

1　スポーツ界における暴力的指導の問題

1．暴力的指導の実態

（1）2つの事件

　社会学は物事を「批判的に」捉える学問である。すなわち、たとえ目を背けたくなるようなことであっても、一つの問題として直視し、なぜそうした問題が起きるのかを探求しなければならない。それゆえ、スポーツ指導を社会学しようとするなら、体罰や種々のハラスメントといった「暴力的指導」の問題を避けて通ることはできない。

　スポーツ界における暴力的指導の問題を考えるとき、2013（平成25）年という年は一つの分水嶺として位置付けられる。というのも、この年、2つの大きな事件―桜宮高校バスケットボール部体罰事件（以下「桜宮事件」）と女子柔道強化選手への暴力問題（以下「女子柔道事件」）―が世間を騒がせ、スポーツ界の暴力的体質が浮き彫りになったからである。

　「桜宮事件」では顧問の体罰によって被害生徒が自殺するに至り、「女子柔道事件」では指導者の暴力やパワーハラスメントが選手からの告発によって暴露さ

★1　第三者委員会
当事者以外の有識者に
よって構成される委員
会のこと。「桜宮事件」
については大阪市教育
委員会外部監査チーム
の「報告書」（2013［平
成25］年1月31日付、
3月15日付、4月30日
付）、また、「女子柔道
事件」については全日
本柔道連盟第三者委員
会の「報告書」（2013
［同25］年3月12日付）
が公表されている。

れた。そして、どちらも第三者委員会★1の調査で事実として認定され、指導者
だけでなく組織のあり方までもが問われることになった。つまり、この時点でい
わゆる事なかれ主義は通用しなくなったのである。

　こうした危機的状況を受け、2013（平成25）年4月25日、スポーツ関連団体は
「スポーツ界における暴力行為根絶宣言」を共同で採択するに至った。すなわち、
スポーツ界の暴力的体質を認めるとともに、「暴力行為＝スポーツの価値の否定」
として位置付け、指導者やスポーツ団体に対し、未来のスポーツを担う自覚と具
体的な取り組みを求めたのである[1]。

（2）体罰に関する量的データ

　暴力的指導は「あってはならないもの」であるため、表には出にくく、その実
態の把握には困難が伴う。ここでは体罰に限定して見てみよう。

　図2－1は中学校・高等学校・中等高等学校における体罰の発生件数を示した
ものであるが、2011（平成23）年に319件であったものが、2012（同24）年に5,088
件に激増すると、今度は減少に転じ、2015（同27）年では663件となっている。5,088
件という数字は、「桜宮事件」を受け、文部科学省が詳細な調査を実施した結果
である。とするならば、こうした数字の増減は信憑性を欠いており、むしろ5,088
件の方が実態に近い、とも解せられる。

　一方、状況別に見ると、2013（平成25）年までは部活動での体罰が授業中の体
罰より多く、以降両者はほぼ同じ割合を示している。これだけではどちらがより
発生しやすいのかを判断できないが、一般に強豪校になればなるほど部活動での
体罰が優勢になることは確かだろう。例えば、桜宮高校の全校調査では、暴力を

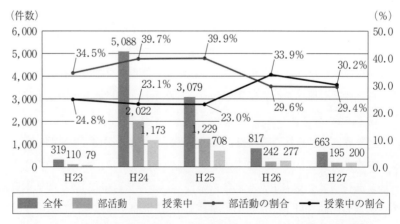

図2－1　中学校・高等学校・中等教育学校における体罰の発生件数

注：平成23年度は公立学校のみの数字。
出典：スポーツ庁運動部活動の在り方に関する総合的なガイドライン作成検討会議（第2回）「資料1
　　　部活動における体罰の発生状況」平成29年7月11日を一部改変

受けた生徒（61名）の半数以上（33名）が部活動中と回答しており、また、暴力を伝え聞いた保護者（67名）のうち半数以上（36名）が部活動中と回答しているのである[2]★2。

2．スポーツ指導の特殊性★3

（1）身体教育のジレンマ

前項において、スポーツ界が暴力的指導の存在を公式に認めていること、また、量的データでも部活動での体罰が顕著であることを確認した。そこで、次に（暴力的指導につながる）スポーツ指導の特殊性について簡単に押さえておこう。

スポーツ指導の特殊性は何よりもまず「身体」を扱うという点にある。この身体教育自体の困難さを軽視してはいけない。

例えば、スポーツ指導者は「言葉の軽視」に陥りやすいといわれる。すなわち、練習の目的や意味に関する説明を省き、練習メニューに従うことを求めてしまいがちである。なぜか。それは、身体的技能を習得するとは結局「身体で覚える」ことだからである。言葉による説明は大切であるが、実際に「できる」ようになるわけではない。このジレンマを前にして、指導者は時に「言葉の軽視」に陥ってしまうのである。

あるいは、スポーツ指導者は「主観による独断」に陥りやすいともいわれる。すなわち、選手に寄り添わず、自らの主観的な判断を押し付けてしまいがちである。なぜか。それは、自他を問わず、心身の状態の把握は本質的に難しいことだからである。選手の心身の状態に寄り添うのは大切であるが、その見極めは難しく、しかも何らかの判断を下さねばならない。このジレンマを前にして、指導者は時に「主観による独断」に陥ってしまうのである。

このように、スポーツ指導者は「身体教育のジレンマ」を抱えざるを得ない。そして、指導者がそのジレンマに向き合おうとしなくなるとき、すなわち「言葉の軽視」によって説明力を失い、「主観による独断」によって寄り添う力を失うとき、暴力的指導を呼び寄せてしまう、と考えられる。

（2）成果主義へのとらわれ

では、スポーツ指導者が「身体教育のジレンマ」に向き合おうとしなくなるときとは、どういうときなのだろうか。それは概して、成果主義にとらわれるときであろう。

一般に、スポーツ活動において成果を求めることは異常ではない。そもそもスポーツの世界はピラミッド型の構造をしており、競争に勝って頂点を目指そうとするのは当然である。また、競争に勝つことは大きな喜びであるし、ピラミッド

★2
少し古いが、ある調査によれば、体育科教員の体罰行使経験（67.4%）が他教科教員の体罰行使経験（36.7%）と比べて顕著であり、また部活別では、運動部担当教員の体罰行使経験（53.8%）が文化部担当教員の体罰行使経験（33.5%）と比べて顕著である（牧柾名他編『懲戒・体罰の法制と実態』学陽書房 1992年 p.358）。

★3
スポーツ指導の特殊性に関しては、主に坂本秀夫『体罰の研究』三一書房 1995年、および小丸超『近代スポーツの病理を超えて—体験の社会学・試論—』創文企画 2018年を参照し、筆者の視点から独自に整理した。

の頂点に近づけば近づくほど周囲からの評価も高まるのだから、それらを求めるのも当然である、といわねばならない。

しかし、指導者が成果主義にとらわれ、それを絶対視するとき、そのための手段が問われなくなることも確かである。スポーツでは試合の日程が決まっているため、成果を上げるためには試合の日までに選手の能力を引き上げなければならない。「早く、確実に、選手の実力を上げよう」。こう考えるとき、指導者は時に最も効率的な手段として暴力を行使してしまうのである。

このように、指導者は「成果主義へのとらわれ」によって、「身体教育のジレンマ」に向き合うことから離れていく。そして、もし成果主義が絶対視されるなら、成果を上げ続ける限り、暴力的指導は肯定され、「愛の鞭」の名のもとに美化されてしまうだろう[4]。

■ 2 体罰の社会学

1．体罰と社会関係

（1）絶対的な権力関係

一般に、暴力的指導に対する批判は規範的になりがちであり（例：「人権侵害だ！」）、また指導者の個人的性格の問題として捉えがちである。しかし、ここでは暴力的指導を一つの社会現象として捉え、特に体罰問題の背景にある社会関係や社会構造について社会学的に考察してみよう。

体罰は、一般に、「身体に対する侵害を内容とする懲戒（殴る、蹴る等）、被罰者に肉体的苦痛を与えるような懲戒（正座・直立等特定の姿勢を長時間にわたって保持させる等）」[4]と規定されている。すなわち、体罰は（行き過ぎた）懲戒であり、何らかの違反に対して教育的意図のもとで行使される身体的制裁といえる[5]。

このように体罰は社会的に規定された権力関係（指導者／学習者）のもとで行使されるが、スポーツ指導では時に絶対的な権力関係として露骨に現れる。すなわち、指導者の命令は絶対であり、学習者が異を唱えることなど許されない、という関係性である。

絶対的な権力関係の基盤は、何よりも指導者の高い実績であろう。「桜宮事件」でもそうであるが、一般に、顧問は部を強くすることで高い評価を獲得し、徐々に誰かが口を挟める雰囲気ではなくなっていくのである。また、選手からすれば、こうした顧問の指導を受けたくて入部するのであり、異を唱えることなど思いもよらないことであろう。そして、顧問の持つ選手選考の権力は絶大である。選手は試合に出て活躍したいのであって、その意味でも顧問には逆らえないのである[5]。

★4
一般に、体罰経験のない者より、体罰経験のある者の方が、体罰を容認する傾向が顕著であるといわれている[3]。

★5
学校教育法第11条には「校長及び教員は、教育上必要があると認めるときは、文部科学大臣の定めるところにより、児童、生徒及び学生に懲戒を加えることができる。ただし、体罰を加えることはできない」と定められており、体罰は法的に禁止されている。しかし、「懲戒と体罰の線引き」は曖昧であり、いまだに議論が続けられている。

（2）ダブルバインド状況

　顧問の実績が絶対的な権力関係を支える。では、その実績に陰りが見えはじめたらどうなるのか。「桜宮事件」でいえば、部の成績が低迷するにつれ、顧問の体罰は激しくなったとされている。実績を上げなければならないなかで、部員が何度も同じ失敗を繰り返すとき、顧問は「怒りに任せた暴力」を行使してしまうのである。しかし、これはいわば通常の体罰であって、体罰には人をノイローゼ状態に追い込む「執拗かつ理不尽な暴力」も潜んでいる[6]。

　この種の暴力を引き起こすのは、ベイトソン（G. Bateson）のいうダブルバインド状況である。ダブルバインド状況とは、主体が2つの矛盾する命令に同時に拘束されてしまい、身動きが取れなくなってしまう状況であり、またこうした苦境から逃れることができない状況のことである[7]。

　例えば、「桜宮事件」の被害生徒は顧問の指示通りに動いても「NO」と叩かれ、自分で考えて動いても（これも顧問の指示だが）「NO」と叩かれている。この「理不尽な暴力」を受け、被害生徒は「訳が分からない」状況に陥り、「もう学校に行きたくない」というところまで追い込まれる。そして、こうした状況の被害生徒に対し、顧問は「キャプテンを辞めれば試合には出さない」と退路を断ち、そのうえで「キャプテンを辞めろ」とさらにダブルバインドを仕掛けるのである。ここでも被害生徒は立ち往生する。すなわち、「辞める」と言えば「それでいいのか」（「NO」）と叩かれ、「辞めない」と言えば「お前はふさわしくない」（「NO」）と叩かれるのである[8]。

　被害生徒はこの会話の翌朝に自殺した。幾重ものダブルバインド、連日の激しい体罰、こうした苦境において被害生徒は正常な判断力を奪われ、極限まで追い込まれていったのである。

2．体罰と社会構造

（1）規律訓練型権力

　次に、社会関係の水準の背景をなす社会構造の水準に目を向けてみよう。

　フーコー（M. Foucault）によれば、近代社会は「規律訓練（discipline）」の権力—これは前近代的な「生殺与奪の権力」★6とは異質である—によって統制されている。規律訓練型権力は、碁盤の目のようなシステムを持ち、その上に個々人を配列し、規格化し、序列化し、処罰することを通して、主体が自分で自分を規制するよう仕向ける権力である[10]。

　例えば、学校の運動部に入部すれば、生徒はスポーツ界（全国／都道府県／市町村）のどこかに配列され、細かく規定された日程表（練習メニュー／試合日程）に従って行動しなければならない。そして、部員は競技力や生活態度の査定を通

★6　生殺与奪の権力
「生かす」か「殺す」かを選択できる権力のこと。前近代社会では「君主＝法」であったため、重罪に対しては凄惨な身体刑（例：八裂きの刑）が公開で課され、君主の権力が誇示されていたという[9]。

★7
体育会系は「年功序列」
「上命下服」「忖度」「思
考停止」といった特徴
を持つが、これは規律
訓練型権力が日本的集
団性（例：タテ社会）
と結合して生まれたの
ではないかと思われ
る[11]。

して序列化され（レギュラー／控え）、もし一定の水準に達していなければ処罰されることになるのである（居残り練習／体罰）★7。

　この権力の作用は微視的である。すなわち、時間に関して（例：遅刻）、行動に関して（例：怠慢）、態度に関して（例：反抗的）、というように、主体の生活全体が細部まで監視される。そのため、主体は常に不安である。「誰かがどこかで見ているかもしれない」と考えるからだ。そこで、主体はさまざまな視線を内面化し、自分で自分の行動を規制しはじめる、というわけである[12]。

　このように、規律訓練型権力は常に体罰の可能性をちらつかせている。とするならば、その装置である運動部は体罰を前提としており、したがってスポーツ指導において体罰は必然的現象なのだ、といわねばならない。

（2）選抜の力

　規律訓練型権力では、その権力の作用がシステム自体から発せられる。例えば、「桜宮事件」の顧問とて前近代的な暴君ではなく、教育界やバスケットボール界という＜場＞のなかで一つのポジションを占めていたにすぎない。つまり、誰もがそれぞれの立場で＜場＞から要請されることを内面化し（＝従属化）、自らの欲望であるかのように思い込んでしまうのである（＝主体化）。

★8
体罰と日本の入試制度
の関連については、西
山哲郎「体罰容認論を
支えるものを日本の身
体教育文化から考え
る」『スポーツ社会学
研究』22巻1号　日本
スポーツ社会学会
2014年　pp.57-59を参
照のこと。

★9
ここでは部活動を規律
訓練型装置として否定
的に描いたが、子ども
の自主性を強調し、規
律訓練型権力との関係
性に着目する研究もあ
る（下竹亮志「規律訓
練装置としての運動部
活動における『生徒の
自由』を再考する：A
高校陸上競技部を事例
として」『体育学研究』
60巻1号　日本体育学
会　2015年）。

　「桜宮事件」でいえば、その関係者全員が「選抜の力」、すなわち「周りから抜きん出ろ」という力にとらわれていた（従属化＝主体化）。例えば、被害生徒は憧れの強豪校で特に秀でた選手になることを望んだはずであり、顧問は部を強化することで他校を凌駕することを望んだはずである。あるいは学校や教育委員会は、（スポーツの専門科を有する手前）進学実績だけでなくスポーツの実績を上げたいと思ったはずであるし、保護者はスポーツの実績による有名大学への推薦入学に期待したはずである[13]★8。

　こうした欲望自体を責めることはできない。しかし、「選抜の力」を内面化したとき、彼らはダブルバインド状況のようなジレンマを抱えざるを得なかった。例えば、被害生徒にとっては特別な選手であろうとすれば叩かれ、逆にそれを断念すれば試合に出場できなくなるのであった。また、顧問・学校・教育委員会・保護者にとっては体罰を行使しなければ勝利の可能性が下がり、逆に行使を認めれば法律違反で罰せられる（あるいは隠蔽に手を貸す、あるいはその痛みに目をつむる）ことになるのだ。

　規律訓練型権力は主体から真の主体性を奪い、「選抜の力」は関係者を惑わせる★9。こうした力に惑わされないのは理論上不可能である。しかし、「桜宮事件」において、もし被害生徒が自分の真の欲望（「ただ単純にバスケが好きだ！」）に立ち戻れていたなら、自殺という最悪の結末は回避できたのではないか、と思われる。

▎3 暴力的指導を超えて

1．2つの指導モデル

（1）社会化モデル

　暴力的指導は近代社会の必然的現象であるが、この衝撃的事実を前にして思考停止に陥ってはならない。今こそ「身体教育のジレンマ」に立ち戻り、アスリートの身体に寄り添った指導法を探求すべきではないだろうか。しかし、その前にスポーツ指導を大きく2つに分けておこう。

　1つは社会化の指導である。社会化（socialization）とは、社会が持つ機能の1つであり、当該社会で要求される役割を新メンバーに習得させる作用である。例えば、規律訓練型権力はまさに近代人（自分で自分を規制する）をつくる作用であり、教育界はもとより、スポーツ界も有力な社会化の装置の1つであるといえよう。

　身体教育の文脈でいえば、社会化の指導とは「強制」に基づく指導、すなわち（先在する）ある型にアスリートの身体を合わせようとする指導である（「型にはめる」）。指導者は「教える」（teaching）というスタンスを取り、例えば「徹底管理型」の指導がこれにあたる。すなわち、選手の動きを逐一評価し、修正点を次々と命令する指導である。あるいは「教え過ぎ」（over teaching）の指導もここに含めることができよう。それは、たとえ励ましの言葉であっても、その本質が「強制」であるかのような指導である[14]。

（2）超社会化モデル

　ところで、社会化は社会を前提とする概念であるから、論理上、社会を超える側面を捉えることができない。例えば、身体的技能の習得には「できた！」といった創造的な体験が不可欠である。しかし、社会化の概念ではこうした「体験」の側面は暗黙的に想定されるだけで、結局、先在していた「型」の習得として位置付けられてしまうのである。

　超社会化（trans-socialization）はこうした社会を超える作用、すなわち、「体験」を導く（あるいは「体験」に導かれる）作用を指示する用語である。これは、規律訓練型権力のように何らかの装置を通して人間をつくろうとはしない。むしろ、こうした束縛からふっと離脱させ、体験者に何か新しいものをもたらす作用である。

　身体教育の文脈でいえば、超社会化の指導とは、内的「育成」に基づく指導、すなわち、潜在するアスリートの能力を引き出そうとする指導である（「型を破

らせる」)。指導者は「導く」（coaching）というスタンスを取り、例えば「待つ」指導がこれにあたる。すなわち、根気強く選手に寄り添い、見守り、エンパワメント★10する指導である[15]。

★10　エンパワメント
第10章p.127参照。

　しかし、超社会化の指導者はただ何もしないで「待つ」わけではない。次項において、超社会化の指導を具体的に考察してみよう。

２．超社会化の指導―スポーツ指導の未来に向けて―

（1）動きの「なぞり」

　先に述べたように、身体教育には心身の状態の把握という難問があった。これが難問であるのは心も身体も一人ひとり異なっており、また常に変化しているからである。しかし、こうした固有性や変化を捉えるのは―差し当たり身体に関してだが―まったく不可能というわけではない。

　ベルクソン（H. Bergson）によれば、身体の動きは２つの立場から捉えることができる。1つは「知性」の立場であり、もう1つは「直観」の立場である[16]。例えば、陸上選手の走りを見るとき、指導者はその走りを外側から「観察」するだけでなく（「知性」）、内側からその走りに即して「なぞる」ようにして捉えている（「直観」）。この「観察」のラインを洗練していけば動作解析の立場、すなわち、腕の振りや足の運びを細かく分節して捉える立場に行き着くだろう。しかし、動作解析をどれだけ精緻に行っても「運動の質というか、力のリズム感やアクセントの感じ」[17]を把握することはできない。こうした繊細で固有の身体感覚を把握できるのは「なぞり」のラインだけである。

　「なぞり」は指導者の直観能力に大きく依存する。しかし、そのラインを洗練していくことは可能である。例えば、指導者と選手が「感覚のすり合わせ」を繰り返し行うことで、身体感覚の把握の精度を上げていくことができる。ところで、動きを一度でも「なぞる」と、その「なぞり」の経験は記憶に保存される。筆者の経験でいえば、卓球で一度でもラリーをしたなら、その人の打ち方や球筋を忘れることはないのだ。とするならば、選手がスランプに陥ったとしても、指導者は（その選手の）良いときの身体感覚を（自分の）記憶から引き出し、スランプ中の選手の身体感覚とすり合わせることもできる、ということである（＝「調律としてのコーチング」）。

　「なぞり」の精度が上がるにつれて、指導者は（物理的には別々の実体なのに）選手と一緒に動いているように感じられてくる。それゆえ、筆者は「なぞり」の指導を「共に生きるコーチング」と呼ぶのである[18]。

（２）言葉とタイミング

　超社会化の指導において直観能力は不可欠である。しかし、優れた選手が必ずしも優れた指導者になるわけではないように、直観能力の高さが必ずしも指導能力の高さに直結するわけではないだろう。というのも、指導には言葉が不可欠であり、アドバイスをするにしてもタイミングを間違えば「気づき」の体験は訪れないからである。

　言葉という点では、「わざ言語」（動きの感じを比喩的に表現した言葉）が重要である。例えば、スピードスケートの滑る感覚について、結城匡啓は箒で地面を掃くように「スー・スー」とつなげていく感じと表現している[19]。これは日常的動作を用いた例だが、武道ではしばしば自然現象が引かれる。例えば、弓道家の阿波研造は、弓を放つときの感覚について「積もった雪が竹の笹から落ちるように」と表現している[20]。こうした「わざ言語」はストンと腑に落ちるものであり、また選手の身体感覚を把握するためにも有用であろう。

　では、タイミングの問題はどうだろうか。この問題を一般論で語るのは難しいが、スランプのときほど「気づき」の体験が深くなることは確かである。しかし、スランプであればいつアドバイスしてもよいというわけではない。選手が聞く耳を持っている状態かどうかを見極めなければならないからである。指導者は選手の不調の原因を見抜き、そのうえで機会をうかがう。そして心のドアをノックし、そのドアを少し開けてもらう。このときこそ指導者にとって決死のタイミングである。指導者は自分の感じた違和感を切り出す。「指摘する」のではなく「問いかける」ように。そして、この問いかけが選手の痛いところに突き刺さるとき、「あっ！」という「気づき」が生まれるのである[21]。

【引用文献】

1）日本オリンピック委員会ホームページ「『スポーツ界における暴力行為根絶宣言』について」
　　https://www.joc.or.jp/sp/news/detail.html?id=2947（2019年9月20日閲覧）
2）大阪市教育委員会「桜宮高等学校生徒アンケート調査結果概要」および「桜宮高等学校保護者アンケート調査結果概要」（ともに2013年1月18日実施）
3）高橋豪仁・久米田恵「学校運動部活動における体罰に関する調査研究」『教育実践総合センター研究紀要』（17）奈良教育大学教育学部附属教育実践総合センター　2008年　pp.161-170
4）文部科学省初等中等教育局「問題行動を起こす児童生徒に対する指導について（通知）（別紙）」（平成19年2月5日付、18文科初第1019号）
5）島沢優子『桜宮高校バスケット部体罰事件の真実—そして少年は死ぬことに決めた—』朝日新聞出版　2014年　p.89・158、pp.169-171
6）亀山佳明「『体罰』の研究—桜宮高校バスケットボール部体罰事件を中心にして—」『体罰問題の研究』龍谷大学社会学部共生社会研究センター　2015年　pp.7-9
7）G.ベイトソン（佐藤良明訳）『精神の生態学　改訂第2版』新思索社　2000年　pp.294-295
8）前掲書5）pp.47-50・97-101・152-159、前掲書6）pp.9-11
9）M.フーコー（田村俶訳）『監獄の誕生—監視と処罰—』新潮社　1977年　pp.51-52、p.54・133
10）前掲書6）pp.23-24

11) 浜田雄介・野村洋平・小丸超・金瑛「共同研究：体育会系の社会学—われらの内の体育会系なるもの—」『日本スポーツ社会学会第28回大会プログラム・発表抄録集』2019年

12) 前掲書9）p.182

13) 前掲書5）pp.68-78、前掲書6）pp.26-29

14) 小丸超『近代スポーツの病理を超えて—体験の社会学・試論—』創文企画　2018年　p.50・67、pp.71-72

15) 同上書14）pp.19-20・71-72、p.101

16) 前掲書14）pp.79。

17) 結城匡啓「スピードスケート指導者が選手とつくりあげる『わざ』世界—積み上げ、潜入し、共有する—」生田久美子・北村勝朗編『わざ言語—感覚の共有を通しての『学び』へ—』慶応義塾大学出版会　2011年　p.329

18) 前掲書14）pp.74-75

19) 前掲書17）p.320

20) E. ヘリゲル（稲富栄次郎・上田武訳）『弓と禅』福村出版　1981年　pp.85-86

21) 結城匡啓「邪魔をしないコーチング—研究者かつコーチの眼と思考—（前編・後編）」『月間トレーニングジャーナル』（2・3月号）2005年

第3章

スポーツの「キャリア」を考える

● 第3章の学びのポイント ●

　本章では、スポーツの「キャリア」について学んでいく。そして、その学びを通して私たちの「生き方」についても考えていく。その際、特に以下3点がポイントになる。
・なぜ、セカンドキャリアが問題とされるのか理解しよう。
・デュアルキャリアという考え方が、私たちの「生き方」に深く関係することの意味を探ってみよう。
・スポーツキャリアを通じた「強み」とは何か、考えてみよう。

1　スポーツの世界で生きる

1.「教育」における文脈と「スポーツ」における文脈

（1）誰もがキャリアを積んでいる

　「キャリア」について辞書を引いてみると、「（職業・生涯の）経歴」[1]という意味がある。そこで、これをもとにスポーツの経歴、すなわちスポーツのキャリアという文脈を考えてみる。私たちは小学校・中学校・高等学校などを経て現在に至っている。これまで、児童生徒であった時代にスポーツを実践してきたと思うが、その経歴は、紛れもなくスポーツのキャリア（経歴）である。それでは、私たちは一体どのようなスポーツのキャリアを歩んできたのだろうか。

　1つ目のヒントは「教育」概念である体育にある。体育とは言うまでもなく、スポーツを方法や道具として利用した教育である。私たちは義務教育という名のもとに、スポーツを通した身体活動を実践し、自分の身体（からだ）を上手に使えるように教育をされてきた。この義務教育という点に注目するならば、私たちは少なくとも、広い意味で体育によってスポーツのキャリアを形成してきたことになる。

　しかし、体育を通してスポーツのキャリアを意識する人がどれだけいるだろう

か。あくまでも体育は、自身の身体を上手に動かすこと、そして生涯付き合う自分の身体を学ぶための教育として実施されてきたにすぎない。そのため、ほとんどの人は、スポーツのキャリアを考える際に、課外活動である部活動や学外活動であるクラブチームでの活動を思い起こすのではないだろうか。

（2）キャリアと「スポーツ能力」

　2つ目のヒントが、上記の部活動・クラブチームにおけるスポーツ活動である。おそらく、私たちが思い返すスポーツのキャリアとしては圧倒的に多いのではないだろうか。これらの活動では、サッカーやバスケットボールなどの「専門スポーツ」において「スポーツ能力」を高めることができる。先の体育に比べれば、より自身の裁量で専門スポーツに没頭することができる。つまり、あなたがうまくなりたいと思うならば、どこまでもうまくなってよいのである。ここには体育と違って、決められた時間の制限などはない。

　そして、もし、顕著な成績を残したならば、その卓越した「スポーツ能力」には価値が認められる。現在、若いアスリートが注目を集めて、世界で活躍する姿を見ることは何ら不思議なことではない。むしろ、私たちが注目すること自体を考えれば、私たちはそれがスポーツの世界において価値あることだと、無自覚に思い込んでしまっているように思われる。それはちょうど、一般社会に生きる私たちが、優れた芸術作品や音楽にふれて「うまい」「すごい」と思うことが自然とあるように、スポーツの世界においても卓越した「スポーツ能力」を自然と見出し、そして価値付けているように思われる。

2．社会的施策とアスリートのキャリアについて

（1）発掘されるアスリート

　スポーツの世界には価値ある「スポーツ能力」を持ったアスリートを育成するシステムがある。例えば、児童生徒を対象として、新体力テストとは別に「スポーツテスト」が実施されている。これは「スポーツで必要とされる資質や能力を検査するため」[2]に実施される。だが実際には、その成績が優秀であると国家に将来を嘱望される対象としてピックアップされ、アスリートに必要とされる「幹となる資質」が高められるような対象となることもある[3]。例えば、テニスプレイヤーである錦織圭選手がこのシステムによって発掘されたことは有名である。スポーツの世界がある程度発展した現在では、私たちが知っているアスリートがこのシステムによって発掘されている現実を疑う余地はない。アスリートは、スポーツタレントという「スポーツ競技において特に顕著な成績を収める選手、またはスポーツ競技において大成する可能性を秘めた人材」[4]として、国の施策

で計画的に育成すべき対象となっているのである。

（2）トップアスリートの社会的処遇

　オリンピックなどの世界大会で常に上位へ食い込む国には、アスリート（すなわちスポーツタレント）の発掘・育成システムが存在する。例えば、選抜されたアスリートはその国のスポーツ学校に入学して、いわゆるエリートプログラムを受けることになる。わが国においても、全国から選抜されたアスリートは、ナショナルトレーニングセンターを拠点とし、目標達成のための最適なトレーニングを実践し、当該種目のスポーツ適性の有無を確認され、精選と育成が繰り返されている[5]。

　さて、日の目を浴びるような「スポーツ能力」を持ったアスリートの施策的現実を述べてきたが、当然ながら、こうした対象として成功するアスリートは一握りである。そのため、一握りのアスリートになれなかった場合はどうなるのか。ここで読者には、次のような状況を想定していただきたい。

　例えば、あなたには好きで始めたスポーツがある。あなたはそのスポーツが得意であり、家族をはじめ親しい人たちからも応援されている。自信を持って「スポーツ能力」を伸ばすことに夢中である。すると自分の能力が認められて国のエリートアスリートの候補生として活動することになった。そこでは競技水準の高い候補生が集い、研鑽を積み、充実した時を過ごしている。しかし突然、そのスポーツではなく、異なるスポーツ種目への転向を打診される。その理由を聞くと、そちらの方がトップアスリートになれる確率が高いからだという。まさに今、あなたはキャリアの分岐点にいるのである。

　アスリートには、上記のような避けては通れない「現実」がある。それがスポーツにおけるキャリアの課題である。

3．競技生活における「生き方」と「困難」の関係

（1）キャリアの形成は「今」にある

　アスリートは、そのキャリアにおいて決断を迫られる時がある。そこではこれまでの競技生活、現在の状況、そして未来の競技生活など、さまざまなことを考えて、その瞬間に決断をしなくてはならない。競技生活のみならずいえることであるが、それが成功であるのか、失敗であるのかについて判断することは難しい。しかし、私たちの現在である「今」は、そうした瞬間における決断の延長線上にある。つまり、私たちはこれまでさまざまな決断を成してきたことによって、「今」というキャリアを形成してきたのである。

　本章の初めに述べたことであるが、こうしたキャリアについて学ぶということ

は「生き方」について考えることと密接な関係にある。そこで本項では、キャリアという「生き方」を学ぶため、アスリートの競技生活に焦点を当てた研究を紐解きながら、その実際を考えてみたい。

（2）競技生活における「困難」

　スポーツ社会学者の吉田毅は、競技生活の過程においては栄光だけではなく「困難」に出会うことを指摘する。吉田は「そもそも種々の困難は、競技者がそれ相応の目標を目指して競技生活を送っていく際には付き物とも言えよう」[6]と述べる。これを端的に言うと、アスリートが高い競技水準を目指して活動を行うならば、当然ながら「困難」な状況がやってくるということである。例えば、自身がそうありたいと願うようなアスリートの理想像があったとしても、けがや身体的な事柄等によって断念せざるを得ない状況が訪れるかもしれない。もっと身近な次元でいえば、学業との両立が困難になるということで競技生活から離れることになるかもしれない。スポーツの世界でアスリートが競技生活をやり切るには、あまりにも「困難」という存在が身近にあるのである。

　さらに、吉田は「競技者には競技生活ないしはその後において、種々の困難が不可避といっても過言ではない」[7]と述べる。これもまた、端的に言うと「バーンアウト問題（燃え尽き症候群）」に代表されるような状況である。例えば、部活動という競技生活を終えた場合や、プロスポーツの世界から引退した場合に、アスリートは無気力や不安などの「困難」にさいなまれるのである。もし、高校生活や大学生活まで部活動一辺倒であったならば、競技生活を引退したアスリートは一般社会へ即座に溶け込めるだろうか。

　こうしたアスリートの実際を考えると、社会一般における日常生活とは別に、アスリートとして競技生活を送ってきたことによる、何らか特有の「困難」があることを指摘できるだろう。

■ 2 スポーツの「キャリア」選択

1．アスリートはどのような「キャリア」を通るのか

（1）アスリートのキャリアと分岐点

　私たちは「困難」な競技生活の場面に陥ったアスリートの姿を容易に想像することができる。しかし、私たちは同時に、競技生活に没頭するアスリートの姿や、スポーツに熱中するアスリートの姿を目の当たりにするのではないだろうか。まさに、アスリートの競技生活とは、スポーツにおける勝利や成功という目的のた

めに突き動かされているようである。こうしたアスリートは、どんな「困難」が
あろうとも、スポーツの世界でよく生きるための決断をまさに「今」下しながら、
キャリアを築いている。

　だが、どんなアスリートにも等しく訪れるキャリアの分岐点がある。それは、
引退や競技の第一線から退くタイミングである。なぜなら、アスリートはスポー
ツの第一線で鍛え抜いた身体を競争させるような存在だからである。「ミロンの
嘆き」★1 の如く、加齢による身体の衰えが訪れることを考えるならば、身体の
衰えをどのように受け止めるかは別問題だとしても、アスリートとしての活動を
生涯続けていくことは実質的に不可能である。アマチュアレベルでのスポーツ実
践、コーチやトレーナー、あるいはコメンテーターとしてスポーツに携わること
はできるかもしれないが、やはり第一線で戦うことを想定する競技生活からは、
遠ざかる時が来るのである。

（2）アスリートが持つべき「キャリア」の心構え

　ここで主張したいことは、「諦めが肝心」「身の程を知れ」ということではない。
吉田の言葉を借りれば、子ども時代から連続的に活動してプロとなったアスリー
トは、解雇されるとその競技以外のことはほとんど初めての体験となり、満足な
生活や仕事をなすことに支障があるという事実である[8]。

　アスリートが勝利や成功のための競技生活を一生懸命に送っていることは事実
であるが、当の本人たちは一生懸命が故に、自分が今やっていることができなく
なった場合のことを考え（たく）ないという問題がある。アスリートには起こり
うる「キャリア」があることを知ること、そしてそれを受け止めることが必要で
ある。いずれ起こる分岐点のために、「今」の自分には何ができるのかという
「キャリア」を考えて、準備をしてほしいのである。

2．競技人生と「セカンドキャリア」論

（1）目指す世界の平均引退年齢を知っているか

　スポーツの世界における取り組みとして、アスリートの引退後に着目した「セ
カンドキャリア」という考え方がある。これは、アスリートが競技生活を引退す
ると、その後の生活に支障が出るという問題がきっかけとなっている。プロフェッ
ショナル（スポーツを職業とする）アスリートの例をあげれば、プロ野球選手の
平均引退年齢は約29歳であり、プロサッカー選手では約26歳である。こうしたア
スリートは引退後、一般社会にある仕事へすぐ順応できるかといえば厳しい。な
ぜなら、「アスリートにとって全面的なスポーツへの没入は、スポーツから離れ
た将来の生活（職業人として自立する）を考えるとリスクの多いものとなる」[9]

★1　ミロンの嘆き
ミロンの嘆きは、古代
ローマの文化人である
キケロと偉大なレス
ラーであるミロンとの
会話のうちに伝えられ
ている。ミロンは何度
も古代の競技会で優勝
するようなレスラー
だったが、彼が老人と
なって競技者たちが運
動場で練習しているの
を見たとき、涙を流し
ながら「ああ、私の腕
は死んでしまってい
る」と嘆いたことが伝
わっている。こうした
競技者の「老い」につ
いての詳細は、関根正
美「西洋古典における
スポーツ哲学」『岡山
大学大学院教育学研究
科研究収録』第142号
2009年　pp.86-88を参
照されたい。

現実があるからである。

（2）アスリートの現実の先に

　ここで、プロを目指して高校生活や大学生活を送るような学生アスリートに着目しよう。そうした学生アスリートは、プロの現実をどこまで知っているのか。おそらく、自身で知ろうとするか、まれに当事者が身近にいるか、あるいは指導者に教えられるような状況にいなければ知るすべもないだろう。なぜなら、わが国の強豪といわれる部活動、クラブチームの風土は「汗と涙にまみれてとことん自分を追い込み、最後に栄光を掴むのが定番」[10]だからである。学生アスリートはその部活動やチームで勝利や成功をつかむために必死なのである。ともすれば、余裕のない競技生活のなかで、プロアスリートからプロとして生きる現実を学ぶ機会はあまり多くないように思われる。

　プロのアスリートは一握りの存在である。それも年度をまたげば、次の世代が突き上げてくる。こうして戦力外という形でプロを引退するアスリートがいることは言うまでもない。アスリートにとってプロ契約は狭き門である[11]。だが、多くの学生アスリートは一握りのプロとして契約するために日々のトレーニングに励み、スカウティングにかかる努力を惜しまない。

　しかし、ここで立ち止まって考えてほしい。確かに、何かに打ち込むことは素晴らしいことであるが、アスリートは子どものころの目標や願望をほとんど実現できずにスポーツの世界から退くことが多く、安定した居場所をスポーツの世界のうちに見出そうとしても厳しい現実が指摘されている[12]。さらに、競技団体によってはプロ契約の制度がなく、競技のトップ選手であってもアマチュア契約として競技生活を送ることは珍しいことではない[13]。それでもなお、現在所属するチームにいることは、自分の将来や未来を約束してくれるとでもいうのか。スポーツ推薦などの実利を獲得する場合を除いては、次の試合に勝てるか成功するかもわからない状況で生きているのではないか。こうした学生アスリートの現実は、人生におけるどのような時期であるのか、当の本人たちに考えられているのだろうか。いざ、引退をしたときに現実を知ったのではもうすでに遅いのである。

3．競技生活と「デュアルキャリア」論

（1）アスリートであり、「人」である

　「セカンドキャリア」が問題とされて久しいが、なかにはアスリート時代以上に、一般社会で活躍する人がいる。その人は決してスポーツを疎かにしてきたということではなく、スポーツに打ち込む一方で競技引退後の準備をしてきたのである。こうした文武両道に近い考え方を「デュアルキャリア」という。すなわち、

競技生活（アスリートとしてのキャリア形成）と学業（人としてのキャリア形成）
という2つのキャリアを背負い、それぞれにおける自己実現を目指すことである。

　例えば、東京大学や京都大学を卒業してプロの世界に入ったアスリートを考え
てみよう。彼らもプロの世界の住人である以上、キャリアの分岐点はやってくる。
ここではプロになれたことや、前人未到の記録を打ち立てたことが重要なのでは
ない。着目するところは、競技生活の引退後、スムーズにセカンドキャリアに移
行するためのデュアルキャリアとしての準備があるという点である。おそらく、
彼らは一般的に望まれるような仕事に再就職するための下地（つまりは準備）が
あるのである。

　この議論の本質は、競技生活の合間を使って一般社会で生きるための準備をし
てきたかという点にある。上記の例でいえば学業ということになるが、ほかにも
アルバイトなどに勤しみ社会経験を積んだ、プログラミングなどの技術を極めた
などといった、スポーツ以外の強みを持っているということである。もはや、こ
れまでの「その道一筋」だけで生きていけるほど、現実の世界は甘くない。

（2）競技生活の力の入れ方

　世界のスポーツ事情を見てみると、アメリカのカレッジ・スポーツが示唆に富
む。そこではシーズンスポーツの実施が採用されており、年間を通して同じスポー
ツを続けることができない。そのため、アメリカの学生アスリートがメジャーリー
グやアメリカン・フットボール、NBAバスケットチームから同時にドラフト指
名を受け、プロの門戸が複数開かれることもある。彼らは高校生活や大学生活を、
1つのスポーツに捧げることがないのである[14]。日本でこのような競技生活を送
ることができるかは別問題だとしても、少なくとも数多くあるスポーツ種目のな
かで「これだけ」という考えはない。年間を通して異なるコミュニティに身を置
き、知らぬ間に社会性・多様性・身体性などを高めているのである。

　本節の主張は、競技生活に力を入れすぎるなということではない。スポーツの
実践によって、自分のアイデンティティを確立するような経験の獲得は大切なこ
とである。しかし、アスリートは「自分はもはや選手ではないということに対す
る喪失感にうまく対処できないこと。そして、特にその喪失感を強く持つ選手と
いうのは、それまでの選手としての自分自身に対して、強い自己アイデンティティ
を持っている選手である」[15] というような傾向にあることを知らなくてはなら
ない。アスリートの傾向を理解したうえで、競技生活のなかで自分の生き方を模
索する「デュアルキャリア」という観点が必要なのである。

🔲 3 私たちはどのような「キャリア」を積むのか

1. 何のため・誰のための「キャリア」なのか

（1）あなたが主人公

　何のため・誰のための「キャリア」なのかという問いに対しては、結論から言うと「自分のためのキャリア」である。紛れもなく、自分が生きているキャリアである。私たちはさまざまな状況のなかで生きているが、究極的には自分に可能なことは何をしてもよい。ただし、そのキャリアの責任はすべて自分にあるというだけである。

　本章の冒頭では自分の「生き方」を考えるためにスポーツのキャリアを学ぶと述べた。そして、この現代社会、とりわけスポーツの世界あるいは社会で生きるアスリートの現実を参考に、みなさんは人生をどのように「生きるのか」という問いを考えている。読者のみなさんには、これまでの議論を通して自分のキャリアを見極める準備をしてほしい。

　「キャリア」を考えるにあたって、はじめにできることは「今」の自分を知ることである。もし、自分が良いと思っていることがある場合、それが本当に良いことなのか調べなくてはならない。今のスポーツ実践のなかで鍛えていることは、社会のなかでどのように生かすことができるのか。スポーツ実践を通した自分の「強み」とは何か。スポーツの実践と社会で求められることの共通項は何かなど、身近なことから考えて行動することが必要である。長期的に捉えれば、このようなアスリートの行動は、いずれスポーツの世界やスポーツの社会に影響を及ぼすことになるだろう。なぜなら、「今」を生きるアスリートが、次世代のアスリートを育成する環境を変えるのである。これまでも時間をかけてスポーツの環境は整えられてきた。それはアスリートとしての「生き方」を考えてきた先人がいたからである。

（2）キャリアを考えることの期待

　アスリートという「生き方」は、残念ながら一般社会のなかで十分に認知されているとはいえない。私たちは一般社会のなかにスポーツの社会があることを知っているが、そのスポーツ社会を拠点に活動する人自身は、自分たちの活動が一般社会に対してどのような影響力を持つのかあまり考えていないのである。このようなことを考えることは、スポーツの専門家や研究者だけの仕事ではない。スポーツを実践する人や携わる人であれば誰でも考えてよいのである。スポーツキャリアからスポーツ実践の「今」を考えられる人が多ければ、後世のアスリー

トのためのキャリア教育は充実し、スポーツの社会そのものをさらに良いものにすることもできる。まさに、個人がスポーツキャリアを考える学びを通して、スポーツの社会を考える営みへと接続することが可能なのである。

2．アスリートにみる「競技社会で生きる」ということ

本項では、アスリートが生きる競技社会を具体化しながら「キャリア」を考えるタイミングを探ってみよう。アスリートが「競技社会で生きる」ということは、人生の一部分でしかない。長い人生を生きるための糧を身に付けるための時期でもあるが、何より、スポーツ実践を通して、人格形成という基盤を構築するために「今」の時期を最大限に利用することが望まれる。

スポーツを実践してきたアスリートは、無意識のうちにさまざまな場面に出くわしている。そして、その都度状況を考え、実践してきた経験を持っている。スポーツ社会学者のマンデル（J. D. Mandle）は、「スポーツは、正義、相互依存、共同、そして達成という重大な人生の課題が積み重なった『場』なのである」[16]と述べる。この主張では、人生においては例にあるような課題をクリアしていくことを否応なしに求められるが、スポーツの世界における実践も、同じような課題の解決をいわば擬似体験できる「場」であることを示唆している。これを聞く限り、部活動やサークルといったスポーツ集団に所属している人は、仲間との活動を通して「私たちは今何をするべきか考えること（正義）」「お互いを信頼すること（相互依存）」「同じトレーニングなどを実践すること（共同）」「競争を通じて勝利や成功をすること（達成）」を経験しているのである。

言うまでもなく、長い人生でも同じような課題をクリアしなければならない時が来る。しかし、アスリートは競技社会で生きてきた「強み」を持って、長い人生を生きていけるのである。それは競技社会で生きて「強み」を身に付け、キャリアを形成するための準備をしていると言い換えてもよいだろう。あとは、私たちがその自覚をもって日々のスポーツ実践に取り組むことが重要なのである。

3．スポーツの「キャリア」から何を学ぶのか

本章では、スポーツの「キャリア」という観点からアスリートの「生き方」を考えようと展開してきた。アスリートは、セカンドキャリアを考えるタイミングで問題が起こらないように「キャリア」を築いていくことが望まれる。そのためには、セカンドキャリアのための準備としてデュアルキャリアの観点が必要であり、長い人生を歩んでいくためのスポーツ実践を自覚的に取り組む必要性を指摘した。

セカンドキャリアとデュアルキャリアの関係は、ちょうど成人病と生活習慣病

の関係に似ている。生活習慣病がまだ成人病と呼ばれていた時代では、成人になって病気になることは避けられないため、病気になったら早く病院に行くことが当たり前の考え方であった。しかしその後、病気になる前に予防することができるという考え方が浸透してきた。生活習慣病は、書いて字の如く、これまでの生活習慣によって病気が引き起こされるからである。そうであるなら、病気になってからではなく、予防（そうならないための準備）をする習慣付けが重要だと考えられて現在に至るのである。「キャリア」の今を生きるアスリートも同じく、いずれ来るセカンドキャリアという人生の分岐点のために予防するような（競技の）生活習慣を整えればよいのである。

　最後に、アスリートは競技タイムやスコアなど数値化可能なものだけに縛られずに、スポーツの実践を通して自分や周りの人の「生き方（人生）」を考え続けられるようになることを願う。そうした「生き方」を通して、周りの人に少しでも影響を与えられる存在となってほしい。アスリートには自身の「生き方」を知ること・見直すこと・考えることに精通して、スポーツの世界のみならず一般社会でも活躍する存在になれる可能性が十分にあるのである。

【引用文献】
1）新村出編『広辞苑　第四版』岩波書店　1991年　p.649
2）日本体育学会監修『最新スポーツ科学事典』平凡社　2006年　p.649
3）河野一郎監修、勝田隆『知的コーチングのすすめ―頂点をめざす競技者育成の鍵―』大修館書店　2002年　pp.77-79
4）前掲書2）p.650
5）前掲書2）p.649
6）吉田毅「競技者の困難克服の道筋に関する社会学的考察―主体的社会化論を手がかりに―」『体育学研究』第46巻第3号　2001年　p.242
7）吉田毅「競技者の転身による困難克服の道筋に関する社会学的考察―元アメリカ杯挑戦艇クルーを事例として―」『体育学研究』第51巻第2号　2006年　p.126
8）前掲書6）p.242
9）岡本純也「大学スポーツが抱える今日的問題」『一橋大学スポーツ研究』第23巻　2004年　p.35
10）加部究『それでも「美談」になる高校サッカーの非常識』カンゼン　2013年　pp.111-116
11）玉木正之『スポーツとは何か』講談社　1999年　p.204
12）A. プティパ・D. シャンペーン・J. チャルトラン・S. デニッシュ・S. マーフィー（田中ウルヴェ京・重野弘三郎訳）『スポーツ選手のためのキャリアプランニング』大修館書店　2005年　pp.136-138
13）同上書12）p.320
14）広尾晃『野球崩壊―深刻化する「野球離れ」を食い止めろ！―』イースト・プレス　2016年　pp.118-119
15）田中ウルヴェ京「キャリアトランジション―スポーツ選手のセカンドキャリア教育―」『日本労働研究雑誌』第47巻第4号　2005年　p.68
16）J.D.マンデル・J.R.マンデル「現代スポーツへの新たなアプローチ」『スポーツ社会学研究』第5巻　1997年　p.56

【参考文献】
・中村敏雄編『現代スポーツ評論12』創文企画　2005年
・A. プティパ・D. シャンペーン・J. チャルトラン・S. デニッシュ・S. マーフィー（田中ウルヴェ京・重野弘三郎訳）『スポーツ選手のためのキャリアプランニング』大修館書店　2005年

1

「間合い」の身体論

　スポーツや武道の特徴の一つは、言葉では表現しづらい身体的コミュニケーションが展開される点にあります。例えば、サッカーのメッシ選手のドリブルは非常に不思議です。というのも、メッシ選手と対面した選手は時に自分から転んでしまうように見えるからです。メッシ選手のフェイントは確かに繊細で抜群のキレを持っています。しかし、そうした駆け引きに引っかかってしまうのは、相手選手がすでにメッシ選手の「間合い」に引き込まれているからでしょう。逆に言えば、メッシ選手が「間合い」を制しているからこそ、駆け引きが最大限の効果を発揮するのです。

　「間合い」は複数の人間の間で生じます。物理的には何もない空間であっても、そこにはさまざまな駆け引きが交錯し、力が充満しています。しかし、「間合い」を必要以上に難しく考える必要はありません。というのも、私たちは日常的に「間合い」を体験しているからです。例えば、前から人が歩いてきたとしましょう。そのとき、私たちはその人の動きを見て、左右どちらに行くかを予測します。この予測はほとんど外れません。というのも、私たちは潜在的にですが、相手の動きをそのまま「なぞり」、微細な動きの変化を読み取っているからです。一方で、相手もこちらと同じことをしているはずです。とするならば、人と人がすれ違うとき、実は動きの「なぞり合い」が行われているのです。相手がこちらに近づいてくるにつれ、「なぞり合い」の感度は上がっていきます。そして、ある瞬間、お互いに意を決し、「スッ」と別々の方向に行き交うのです。混雑する駅を思い浮かべましょう。人混みのなか、誰にもぶつからずに、「スッ・スッ・スッ」と縫うように歩くことができるなら、あなたの「なぞり」能力は高いと考えられるのです。

　ところで、相手の動きを予測することができるのなら、その予測を外すこともできるということになります。これを日常生活で行うと問題が発生するかもしれませんが、スポーツや武道では相手の予測を外さなければ勝つことはできません。例えば、剣術の柳生新陰流では、あえて先に相手に仕掛けさせ、それに応ずるという仕方で必勝の剣を繰り出すことを求めます（「後の先」）。これは、自ら仕掛けて力で圧倒する「殺人剣」とは異なり、相手を先に動かすという意味で「活人剣」と呼ばれています。「活人剣」を繰り出すには、「予測」の精度を上げ、こちらの意のままに「相手を動かす」ことができなければなりません。この離れ業こそ「水月移写」と呼ばれる奥義です。すなわち、「水面」に「月」が映ずるように、自らの心（「水面」）を相手の心（「月」）に「移」し、そのうえで相手の心（「月」）を自らの心（「水面」）に「写」す、というわけです。「水月移写」によって相手の心身の動きを把握し、相手が動くか動かないかの境目を見極める。そして、相手が焦れて仕掛けてきた瞬間、こちらはその仕掛け

COLUMN

に応ずるような仕方で打ち込むのです。

「水月移写」は心理的な駆け引きに見えるかもしれませんが、そう捉えるだけでは不十分です。心が水面の比喩で示されているように、この場合、心は水面でたゆたう波のようなリズムである、と考えるべきでしょう。私たちは、一人ひとり、内なるリズムを有しているからこそ、他者や自然と調子を合わせる（「同調する」）ことができるのです。動きの「なぞり」にしても、このリズムの「同調」によって初めて可能になるはずです。ところで、波の揺れは固定した形をとらず、またその方向も定まっていません。しかし、その混沌としたあり方はある意味で「自由」であるともいえるでしょう。そして、この種の「自由」こそ、多くの武術が求める「自然体」や「無心」といった状態なのではないでしょうか。

このように、「間合い」とは力の場、すなわち動きの「なぞり合い」やリズムの「同調」によって構成される場です。そして、こうした身体的コミュニケーションを可視化し、言語化し、理論化することが、今、私たちに求められていると思われます。それは、単にスポーツの勝敗のためだけではありません。現代社会では身体的コミュニケーションが希薄化しており、比喩的に言えば「人々から身体が消えてしまっている」ように思えるからです。「身体」の消失は「間合い」の消失であり、内なる「リズム」の消失でもあります。大げさかもしれませんが、身体的コミュニケーションの研究は、一人ひとりの真の主体性を擁護し、キラキラした笑顔を取り戻そうとする、そうした価値観によって支えられているのです。

【参考文献】
・亀山佳明「『身体論の可能性』、その後―制度の身体論から体験の身体論へ―」日本スポーツ社会学会編『21世紀のスポーツ社会学』創文企画　2013年
・西村秀樹『武術の身体論―同調と競争が交錯する場―』青弓社　2019年

COLUMN

商業主義の未来を問う
―スポーツと経済―

第**4**章

わが国におけるスポーツアマチュアリズムの未来的展望

● 第4章の学びのポイント ●

　わが国におけるスポーツアマチュアリズムの意義を考えていくうえで、以下の3点が学びのポイントとなる。
・スポーツにおけるアマチュアリズムの起源と歴史を知ろう。
・プロフェッショナリズムとアマチュアリズムの関係性をつかもう。
・わが国の身体文化である武道、およびスポーツ指導による開発途上国支援からアマチュアリズムを見出そう。

■ 1　スポーツにおけるアマチュアリズムとは何か

1．アマチュアリズムの起源と歴史

（1）イギリス貴族のアマチュアリズム

　16世紀にイギリスの貴族が行っていた、屋外での気晴らしを目的としたゲームのなかから得られる純粋な「楽しみ」や「喜び」に、アマチュアリズムの根本精神が宿っている。彼らは地主であったため労働する必要がなく、労働者とは別世界の人間であると自負していた。高い教養を持ち、乗馬やフェンシングなどのスポーツで余暇を優雅に楽しんでいた彼らにとっては、金銭のために労働することは恥ずべき行為であったといえる。ましてや、スポーツで金銭を稼ぐことは彼らの倫理観では到底耐えられない行為だったに違いない。金銭的価値を生まないゲームのなかに生きる豊かさを感じ、その行為に価値を見出す考え方こそがアマチュアリズムの源流であったといえる。ここでのスポーツとは、自らを取り乱してまで行うものではなく、程よく行うことで貴族的な美徳を重視するものであった。

　この時代を特徴付けていた社会的概念がある。労働をせずに優雅に生活していた貴族の階層がジェントルマンと呼ばれ、ジェントルマンが行うスポーツに参加する資格が「アマチュア」と規定されていたのである。一方、労働者はノンジェ

50 ●

ントルマンと位置付けられてアマチュアから除外され、貴族であるジェントルマンとはともにスポーツ活動を行えなかったのである。すなわち、ここでのスポーツにおけるアマチュアリズムとは、貴族と金銭のために働く労働者とを区別する「価値観」であり、労働者を貴族が行うスポーツから差別的に遠ざけるための精神的思想だったのである。

（2）イギリスにおけるブルジョワジーのアマチュアリズム

　17世紀から18世紀にかけてのイギリスにおけるスポーツは、「野外での身体活動を伴う気晴らしや娯楽、特に狩猟や賭けをともなう勝負事や見せびらかし」[1]を意味していた。19世紀の中ごろには競技性が高まり、「戸外で行われる競技的性格を持つゲームや運動を行うこと、およびそのような娯楽の総称」[2]を意味する言葉となった。その後、19世紀末までにイギリスで近代スポーツとして多くの競技が組織化されていった。

　当時の社会背景としては、貴族の全面的な諸権利所有に対抗して、ブルジョワジー（資本家階級）が、貴族がこれまでに築いてきた封建制度を崩壊させて経済的実権を握るようになり、資本主義革命を起こしたことが注目される。19世紀半ばに入るとプロレタリア（労働者階級）へのスポーツの普及も進み、ブルジョワジーの主催する大会への参加者が急増して労働者が上位の成績を収めるようになった。しかし、大会主催者であるブルジョワジーにとって自らの支配する労働者階級に敗北することは資本家階級の名誉に関わることであり、資本主義社会の資本家と労働者という基本的上下関係を逆転させるに等しい事態と考えられたため、ブルジョワジーは労働者階級を大会から排除したのである。すなわち、この時代におけるアマチュアリズムとは、「階級差別」をより明確化させ、競技力に優れた労働者をスポーツ大会から排除するという排他的な思想を意味していた。

2．現在のアマチュアリズム

　現在、アマチュアは、一般的にはプロフェッショナルとの対比概念として位置付けられており、内海和雄は両者の違いを以下の通り簡潔に述べている。

　　アマチュアとはスポーツを単に楽しみのために、そしてスポーツをすることによって金銭を受領しない人であり、一方プロとはスポーツで生活費を稼ぐ人をいう[3]。

　すなわち、スポーツにおけるアマチュアリズムの解釈には、先述した労働者を貴族が行うスポーツから差別的に遠ざけるための精神的思想やブルジョワジーが

行った資本家と労働者の「階級差別」による排他的思想は消滅し、スポーツを「職業」にするのか否かを判断基準としたアマチュアとプロフェッショナルの分類が現存している。したがって、現時点でのスポーツにおけるアマチュアリズムとは、経済的利益なしでスポーツを行うことに意義を見出す思想であるといえる。

　このプロフェッショナルとアマチュアの違いは、現在のプロスポーツとアマチュアスポーツの様態に反映されている。プロスポーツが職業であるために職責を伴い、妥協を許さない取り組みから、高度化された技術・戦術の開拓者であるとすれば、アマチュアスポーツは純粋な楽しみ、職場におけるコミュニケーションツール、健康の維持・増進などが目的となり、学校では「教育的価値」を重視した活動であるといえる。このことから、プロフェッショナリズムとアマチュアリズムは両者がそれぞれの特異性を発揮し、お互いの特性を有効に機能させることで社会的役割を果たしている。

　しかしながら、国民に夢と希望を与え、メディアの注目度が高いことから商業化と共存することで高額マネーを稼げるプロフェッショナルスポーツにアマチュアリズムは打ち消され、その存在意義が薄れている。パワーハラスメントによる学校部活動指導や競技大会での相手選手に身体的ダメージを与えてでも勝とうとする勝利至上主義からはアマチュアリズムはもはや消滅しているかのようである。観る側においても試合観戦中のサポーター同士の暴動からはアマチュアリズムは感じられない。今こそ、長い年月にわたり近代スポーツに価値を与え、その存続を支え続けてきたスポーツの清流とも例えられるアマチュアリズムの現代的意義の再構築が求められる。

◆ 2　プロフェッショナリズムとアマチュアリズムの連動性

1．プロスポーツからアマチュアスポーツへの恩恵

（1）技術・戦術に関する側面

　プロ選手は組織化された強化体制のもと、専門性を重視することで技術・戦術を発展させていく。彼らの卓越したプレーはアマチュア競技レベルから超越しており、観る者を魅了するレベルに達している。卓越したスキルは瞬く間に世界規模で競われることになり、得られる報酬や名誉を動機づけとして限りない技術・戦術の進歩が期待できる。その結果、プロフェッショナルとして行うスポーツ競技からいくつもの新たな技術が生まれ、異次元の戦術行動が可能となり、スポーツ戦略にイノベーションをもたらすことになる。

　このイノベーションを目の辺りにするアマチュア選手はプロスポーツから技

術・戦術的側面において大きな恩恵を授かる。彼らの練習や競技大会にプロの技術・戦術を可能な限り取り入れることでスポーツの無限の可能性や創造性を実感し、これまでに感じ取れなかった喜びや感動を享受することができる。ここにプロフェッショナルとアマチュアの連動性が垣間見られるのである。

（２）観戦者やサポーターへの配慮の側面

　プロスポーツ選手は勝敗という結果によって評価されるが、それだけでは成り立たない側面がある。観戦者やサポーターなくしてプロスポーツの存続はあり得ない。つまり、試合観戦や応援に際して彼らに対する多様な配慮が必要であり、ゲームでの勝利がすべてではなく、観戦者を魅了し、感動を与える美しいプレーやファンサービスなどが求められる。一方、アマチュアスポーツではゲームで勝敗を決し、その過程を楽しむことに主眼が置かれており、観戦者やサポーターを経営的視点から特段配慮する必要はない。この点がプロフェッショナルとアマチュアとの相違点である。

　プロスポーツで観戦者を魅了し、サポーターに満足してもらうためには個々の技術だけでは実現できない側面がある。スポーツをよりメディアフレンドリーなものにするために、年間のゲーム数や試合方法を改善し、また、観戦者配慮の視点から競技ルールの合理的、かつ進歩的な改正も求められる。これらの点については競技そのものの本質を失うことなく、安全性にも配慮されたものであれば、アマチュアスポーツにも取り入れられる部分が多々あり、結果的にはアマチュアスポーツがプロスポーツから恩恵を受けるのである。

（３）倫理的側面

　プロスポーツ選手にとっての評価は、主に個人の「成績」や「人気」で決定される。このことから、プロ選手には常に勝利を追求する姿勢や日ごろのスポーツパーソンシップに基づいた言動が必須となる。しかし、これらの実行に関しては、決して選手一人では行えない現実がある。

　ゲームを成立させる必要不可欠な要素はチームメイトである。チームとの協力関係でゲームが成立する。個人競技においても支援スタッフとの信頼関係を築くためにチームを形成する必要がある。これは一般企業と何ら変わらない様態である。ただし、プロがゆえ、チームのなかでも熾烈な競争が展開され、競争に敗れた者は時にはチームから去らなければならない。個人競技においても大会での結果次第では引退に追い込まれることもある。

　また、相手選手や相手チームの存在もある。この要素が存在しない限りゲームは成立しない。この相手選手や相手チームをどのように捉えるかは個々人で見解が異なる。単なる敵とみなしての戦いになれば選手生命を奪う反則行為も戦術に

含まれることになるが、リーグ等のなかでの協働性を意識すれば仕事上のライバルという見方ができる。チーム同士が相互補完的関係を築き、お互いをリスペクトしたうえでのゲームの完成がプロフェッショナルの活動を崇高な聖域に導き、プロ選手の高い倫理観が醸成することが期待できる。この点をアマチュア選手が学び取り、実感することで、教育的価値を重視するアマチュアスポーツにおけるスポーツパーソンシップの昇華へとつなげることが可能になるのである。

2．プロ化と商業主義のスポーツへの弊害

（1）オリンピックでの参加資格のオープン化

　オリンピック開催の資金は大きく３つに分けられる。国や地方政府からの税金、支援企業からのスポンサー料やテレビ放映権料、観戦者からの入場料や大会記念品などの販売収入である。税金だけではオリンピックなどのメガイベントは到底運営できないのである。また、プロスポーツと比較すると競技力やそれに伴う魅力の面でアマチュアスポーツが相対的に劣ることから、プロ選手抜きでは企業や個人から十分な大会運営資金を確保することはできない。テレビ放映権料を含めて余裕のある大会運営資金を獲得するためには、オリンピックにおいて注目度の高いプロ選手の参加が求められる。かつてはアマチュアスポーツの祭典と呼ばれたオリンピックへのプロ選手の参加がオリンピック競技の運営面を下支えしていることは興味深い事実である。

　1974年に国際オリンピック委員会が定めたオリンピック憲章から「アマチュアであること」が削除され、参加資格がプロ・アマにオープン化された。これ以降、世界のスポーツはプロ化に伴う商業化が急激に伸展し、わが国では1980年代後半にエキサイティングでエンターテイメント性の高い海外のプロスポーツを衛星放送によってリアルタイムで視聴できるようになった。まさに、スポーツ界全体にマネーの力が大きく影響を及ぼす機運が高まってきたのである。1984年に開催されたロサンゼルスオリンピックでは初の完全民営化五輪が実現され、空前の黒字化を記録している。この商業オリンピックを契機に、スポーツが巨大なビジネスとして確立されることになった。

（2）商業主義の競技パフォーマンスへの弊害

　スポーツが商業主義に陥るということは、スポーツの価値や質、パフォーマンスよりも、利益が優先することである。スポーツが商業主義に陥った一例として、1988年のソウルオリンピックの陸上競技男子100m決勝の競技時間の変更があげられる（当初は午後５時開始）。本来ならば100m決勝は夕方の時刻に行われることが陸上界では慣例となっていた。しかしながら、ソウル大会の組織委員会は国

際陸上競技連盟に要請し、アメリカメディアからの高額な放映権料を獲得する目的で、アメリカ国民のテレビのゴールデンタイムに決勝の時間（アメリカ西海岸時間：午後8時30分、東海岸時間：午後11時30分）を合わせるため、現地で昼食後の時間となる午後1時30分に決勝の時間を変更したのである。この時間変更がパフォーマンスに影響しないと断定できなかったにもかかわらず、陸上競技の慣例を破る判断を下したことは、選手のコンディショニングやパフォーマンスを軽視したと考えるべきであろう。もはやここにはアスリートファーストの考え方は存在せず、世界最高のパフォーマンスをも上回るマネーの影響力が及んでいるといえる。

　しかしながら、予想外の支出も考慮したうえで余裕のある安定した財源の見通しが立たなければ大会の招致もできない。資金不足でオリンピックが開催されなければ世界のアスリートのハイパフォーマンスを観衆や次代を担うジュニアの選手は知ることすらできず、将来的にはスポーツパフォーマンスの発展が阻害され、スポーツ界全体が衰退する可能性も否定できなくなる。また、アマチュアリズムの根本精神の一つであるベストを尽くす姿やスポーツを通じての国や政治、文化や宗教を超越した友愛精神などのオリンピックから得られる精神的財産も失われることになる。スポーツの発展を視座に置きながらもスポーツ商業主義を円滑に起動させた大会運営の実現が求められる。

3　武道および開発途上国支援からアマチュアリズムを考える

1．わが国の伝統文化である武道と競技スポーツの違い

　本項では、欧米を起源とする競技スポーツとわが国の身体文化である武道の違いを「競技力」と「人格形成」の2つのキーワードを用いて解説し、スポーツアマチュアリズムを模索する。

　競技スポーツでは、勝利を追求するため日々の技術練習により「競技力」の向上を目指す。これに加えて、競技スポーツを行ううえで、もう一つの目的は人間性を高めること、すなわち社会に有為な人材を育成することである。しかしながら、技術練習では、個人技術やチームプレー、およびそれらを可能にする身体能力の向上が求められ、ほとんどの時間を「競技力」向上のために費やす。この過程では競技に必要な技術的要素や身体的要素、これらの活動に付随する集中力や忍耐力などの精神的要素はおのずと身に付くだろうが、「人格形成」に資する高潔性や崇高な精神を涵養することにはつながりにくい。つまり、いくら技術練習で優れた「競技力」を獲得したとしても、この活動のみでは「人格形成」に及ぼ

す影響は極めて小さいと考えざるを得ない。したがって、「競技力」の向上を目的とする「技術練習」（指導行動）と「人格形成」（育成行動）については、それぞれ異なる目標を設定し、別々に機会を設けて実践していくことが必要である。

　一方、武道においては、競技スポーツを通じて得られる「競技力」と「人格形成」はどちらも伝統的な所作を重んじる日々の道場での稽古や暑中・寒稽古等を含む年間を通じての修行過程に内包されており、競技スポーツのように指導行動と育成行動を別々に実践する必要性は少ないのである。武道の修行の主目的は社会に有為な人材を育成し社会発展に寄与すること、つまり、「人格形成」こそが、武道精神の中心価値である。武道における競技大会はその目的達成のための一つの方法論にすぎない。すなわち、「競技力」を向上させ、競技大会で勝利することは短期目標にはなるが、決してゴールにはなり得ないのである。武道憲章の第1条（目的）に「武道は、武技による心身の鍛錬を通じて人格を磨き、識見を高め、有為の人物を育成することを目的とする」[4]と明記されているように、あくまで、世の中に貢献できる「人づくり」こそが、武道の究極の目的なのである。

　礼を重んじる武道の修行過程それ自体に「人格形成」を導く根本原理が組み込まれていることが、楽しみを追及する欧米起源のスポーツから発展を遂げた競技スポーツとの決定的な違いなのである。武道修行の根本精神である「人格形成」に主眼を置き、「競技力」を高める指導行動と融合させるスポーツ指導法はアマチュアリズムの根幹をなすべきものであり、これをスポーツ界全体に普及・浸透させ、健全なアスリートやコーチの育成に役立てるべきである。

２．柔道精神とアマチュアリズム

　本項では、武道のなかでも1964年に開催された第18回オリンピック競技大会（東京大会）の正式競技に採用され、現在、200を超える国や地域で親しまれている「柔道」を取り上げ、柔道精神に宿るアマチュアリズムを模索する。

　松本芳三は、柔道の創始者である嘉納治五郎が1882（明治15）年に新設した道場の正式名称の由来を「どこまでも道を重んずる、道を広めるという意味からこれに道を講ずる館、講道館と命名した」[5]と述べている。また、松本は「柔道の上にこの道場の名前をつけて、講道館柔道と称した。今日単に柔道として、世界で行われているものは、すべて講道館柔道である」[6]と補足している。

　「講道館柔道」の修行の究極の目的は、「自己の完成」と「世を補益する」こととされている。柔道修行にはこの目的を達成するための根本原理が内包され、その原理は「精力善用」と「自他共栄」という２つの標語で説明されている。

　「精力善用」の精神とは、柔道の技術修得過程において「心身の力を目的達成のために最も有効に使う」ことを意味する。この「精力善用」の精神は、社会生

活においては「善を目的として、個々の活動力を最有効に使用すること」[7]と解釈でき、柔道修行を行うことは、単に勝負法を体得するだけではなく、実社会での有益な生き方の道標となるのである。

「自他共栄」とは、「自他共に満足を得ること」[8]であり、たとえ「精力善用」にて自身にとっては善い生き方でいったん成功を収めたとしても、その行為が他者を害するようであれば、他者から逆にその行為を阻止され、結果的にその成功は継続できないということである。つまり、融和と協調を意味する「自他共栄」の精神がここには必要なのである。このことから、「精力善用」と「自他共栄」は相互補完的な関係が成立し、両者が健全に機能することで有益な行為が社会にもたらされるのである。

柔道修行で培われる「精力善用」と「自他共栄」の精神を競技スポーツにおける指導行動に用いることで、アスリートの「人格形成」に貢献することが期待できる。昨今のスポーツ界における自己の利益のみを追求するがために発生している不祥事等を鑑みれば、この2つの精神をスポーツアマチュアリズムの構成要素として位置付け、柔道以外のスポーツにおいてもその競技特性に順応させ、根付かせるべきである。自身の成功は社会に貢献することであり、それを通して自身のさらなる成長、飛躍が期待できるという好循環を生み出すスポーツ指導法の実現が早急に求められる。

3．スポーツによる開発途上国支援とアマチュアリズム

本項では、国民に感動を与え、夢と希望をもたらす華やかなプロスポーツとは違い、時には身の危険と向き合いながらも精力的に活動し、草の根の支援を行っている「青年海外協力隊員」の開発途上国でのスポーツを通じた支援活動から、時代に相応しいアマチュアリズムを考察する。

独立行政法人国際協力機構（JICA：Japan International Cooperation Agency／ジャイカ）は、日本の政府開発援助（ODA：Official Development Assistance）を一元的に行う実施機関として、開発途上国への国際協力を行っている[9]。青年海外協力隊はJICAが実施する事業の一つであり、その主な目的は「開発途上国の経済・社会の発展、復興への寄与、異文化社会における相互理解の深化と共生、ボランティア経験の社会還元」[10]である。

黒田次郎によれば、「青年海外協力隊で各国に派遣されるスポーツ隊員は、分野分類別でいえば『人的資源』となっている」[11]。つまり、人間的な側面を重視する「人間開発」に貢献する活動であるといえよう。齊藤一彦は、国際開発におけるスポーツの果たす意義と役割について以下の通り解説している。

まず１つ目には、スポーツが有する教育機能である。青少年の体の発達や国民の体力の向上という身体面での効果に加え、積極性、責任感、忍耐力、達成意欲、向上心、克己心などの人間の内面の刺激にスポーツが効果的であることはもはや言うまでもない。２つ目に、スポーツ活動によって形成される地域コミュニティー機能の向上といった効果があげられる。スポーツ活動が普及・充実し、大会・競技会を運営しようとすれば、地域の行政・組織機能の強化が求められ、人々の「自発性」「活力」を刺激し促すことにつながる。これらの点から、スポーツは国際開発において重視されている「人間開発・社会開発」に資するものであると言えよう[12]。

　　この内容から、開発途上国へのスポーツを通じた支援活動の目的は、「人間開発を通じた地域社会への貢献」であることが読み取れる。そして、他国での支援活動の根底に流れる「世界平和を願う精神」こそが、時代に相応しいスポーツアマチュアリズムの主要な構成要素であると考えることが望ましい。開発途上国での隊員たちのスポーツを通じた支援活動には、先に述べた柔道における自他共に満足を得ることを意味する「自他共栄」の精神がすでに根付いているかのようである。国際社会に有益なスポーツ活動の維持・発展には、世界平和に貢献できるスポーツアマチュアリズムの存在が欠かせない。

【引用文献】
1）佐伯年詩雄「文化としてのスポーツ」日本スポーツ協会編『公認スポーツ指導者養成テキスト共通科目Ⅰ』日本体育協会　2014年　p.36
2）同上書1）p.36
3）内海和雄『アマチュアリズム論―差別なきスポーツ理念の探求へ―』創文企画　2007年 p.16
4）日本武道館「武道の振興・普及」
　　https://www.nipponbudokan.or.jp/shinkoujigyou/kenshou（2019年8月10日閲覧）
5）松本芳三『柔道のコーチング』大修館書店　1976年　p.5
6）同上書5）p.5
7）薮根敏和・岡田修一・山崎俊輔・永木耕介・出口達也「柔道の原理に関する研究―『精力善用・自他共栄』の意味と修行者の理解度について―」『武道学研究』第30巻第2号1997年　p.10
8）同上書7）p.15
9）独立行政法人国際協力機構「JICAについて」
　　https://www.jica.go.jp/about/index.html（2019年8月10日閲覧）
10）JICA海外協力隊「JICAボランティア事業の概要」
　　https://www.jica.go.jp/volunteer/outline/（2019年8月10日閲覧）
11）黒田次郎「スポーツを通じたグローバル人材の育成―青年海外協力隊スポーツ隊員に対する期待―（2）青年海外協力隊スポーツ隊員の活躍と現状」『近畿大学産業理工学部研究報告かやのもり』第23号　近畿大学　2015年　p.25
12）齊藤一彦「スポーツと開発 身体と心が拓く、未来」国際協力機構編『mundi』No.57　国際協力機構　2018年　pp.4-5

【参考文献】
・井上春雄『新体育学体系8　アマチュアリズム』逍遙書院　1980年

・小川勝『オリンピックと商業主義』集英社　2012年
・菊幸一「アマチュアリズムとプロフェッショナリズムをめぐる現代的課題」『現代スポーツ評論』第23号　創文企画　2010年
・高岡英氣「プロフェッショナル競技者の概念的考察：経済・技術・倫理の三見地から」『体育学研究』第63巻第2号　日本体育学会　2018年
・福田拓哉「企業スポーツにおける運営理論の変化に関する史的考察—日本的経営・アマチュアリズム・マスメディアの発達を分析視座として—」　『立命館経営学』第49巻第1号　立命館大学　2010年

第**5**章

スポーツ社会経済学とスポーツ
イベント論

● 第5章の学びのポイント ●

　本章は、単にスポーツイベントの社会学を論じるものではない。社会と経済は密接に関係しており、実証・検証を経てスポーツ政策の決定やスポーツビジネスの経営判断がなされ、スポーツの振興・推進や市場の拡大・縮小が図られることを理解することが肝要である。その際、以下の3点が学びのポイントとなる。
・スポーツにおける経済と社会のつながりについて理解しよう。
・身体活動・運動と健康経営について理解しよう。
・スポーツイベントの効用について理解しよう。

1 スポーツの社会と経済

1．スポーツの経済的価値

（1）政策科学としてのスポーツ社会経済学

　池田勝は、1950年代の後半から1960年初頭に始まった旧西ドイツの「ゴールデン・プラン」[★1]と「第二の道」[★2]に、スポーツの経済価値について言及した部分がみられるとしている[1]。運動不足を原因として発症する生活習慣病が医療費の増大や生産性の低下に及ぼす影響を危惧し、スポーツ施設の整備を15年計画で進め、アスリートではない一般市民のスポーツ参加を促す国家的戦略を実行したのである。

　この流れは、地域に根差すスポーツクラブの設置にも大きく関係することとなる。サッカーや陸上競技、卓球など、さまざまな種目をクラブの構成員が選好し、生涯にわたりスポーツと関わり続けられるスポーツクラブという仕組みをつくり上げ、構成員による自主運営によってスポーツクラブは経営され続けている。

　一方で、旧東ドイツにもアスリートに特化したスポーツへの投資による政策がとられていた事実が存在する。1千万人の国民で構成されていた旧東ドイツのオ

★1　ゴールデン・プラン
1956年のスポーツ・レクリエーション施設建設15か年計画の勧告であり、1972年開催のミュンヘンオリンピックへと通じる旧西ドイツのスポーツ政策である。

★2　第二の道
個人的な属性に配慮してスポーツの機会を提供しようとする活動計画の構想で、スポーツクラブの多種目・多世代・一貫指導という仕組みづくりに影響を及ぼした政策的な流れの呼び名である。

リンピックでのメダル奪取の背景には、あらゆる医学的な知見をアスリート養成に応用し、スポーツ強国として世界に"東ドイツの名を広げよう"とした投資があったのである。当時から噂されていた薬物ドーピングにとどまらず、アスリートの婚姻・出産にも強制的な国家圧力があったこともドイツが東西統一を果たしたのちに明らかになっている。旧東ドイツのスポーツ社会については藤井政則の著書[2]に詳細が示されているが、わが国の高校駅伝選手の鉄剤注射問題[★3]は高校生アスリートの育成に関わる社会問題であり、スポーツを社会経済学的に検討する一つの対象とみることができる。

　スポーツの政策科学とは、現代社会の課題の本質を見極め、どのように解決するかを研究する学問である。体育学やスポーツ科学に限らず、多様な領域の学問から導かれた理論や知見、技術を実社会へ生かしていくことで社会に便益をもたらそうという概念を"社会実装"というが、社会実装するために、長期的視座から実施可能な解決策を考察・提示することが求められる。現在のわが国であれば、長寿社会や超高齢社会の到来、社会保障費の増大、労働人口の減少など、スポーツや健康と関わる課題は山積している。

　例えば、運動生理学で実証された理論に基づいて運動不足を解決する方法論が見出されたとしても、広く社会に広めるためのプランを策定するためには、その効用がどの程度にまで波及するのかを推測できなくては、社会実装に至らない[3]。社会実装に不可欠なスポーツ科学の文理融合の推進のためにも、スポーツの社会経済学を発展させなければならない。

（2）スポーツの需要と供給

❶時間需要

　まず、スポーツの需要に不可欠な時間需要について考えることとする。スポーツを実践するにしても視聴するにしても時間の確保が必須であることが経験的にも理解できるだろう。新名謙二が記したように[4]、経済モデルとして「効用」を考える場合、効用には幅があり、その順序によって好ましい選択「選好」を考えることとなる。

　余暇時間のなかから「自由裁量となる時間」（自由時間）を創出し、そのなかに「スポーツへコミットする時間」（スポーツ時間）を充当するとした場合を考えてみよう。スポーツ時間の費用ps、自由時間の費用pjの負担が必要となり、スポーツ時間をhs、自由時間hjと仮定し、余暇時間に支払うことのできる予算をEとすれば、以下の式が求められる。

$$ps^*hs+pj^*hj \leq E$$

スポーツ時間に費やすことのできる支出額は収入からの影響が大きいため、

★3　鉄剤注射問題
鉄欠乏性貧血の医学的な処置として行われる鉄剤の注射が、ドーピングと同様に戦績の向上のために乱用されている実情が報告されたため、「不適切な鉄剤注射の防止に関するガイドライン」を日本陸上競技連盟が2019（令和元）年5月30日に策定した。

パートやアルバイトのように時間当たりで支払われる賃金体系の場合、高い賃金率、つまり時給の高い仕事に就いている人たちは、スポーツ時間を増やす方向に動くように考えられそうだが、実はそうではない。賃金率が高くなればより高い収入を得ようとし多く働くようになるため、スポーツ時間は増大しない。これを"代替効果"というが、一方で同一賃金であるならば、賃金率が上がった場合に労働時間を減じ、余暇時間を増やす"所得効果"を高めることが求められることになる。

❷スポーツの便益

　スポーツには場所や用具といった「モノ消費」、大会への出場・ジム通いやスポーツ観戦、スポーツのボランティア活動といった「コト消費」など、消費の形態が多様である。供給される財・サービスから得られる効用は先に述べた通りで、選好の幅は広げることが可能であるが、そのためにスポーツから得られる効用に付加すべきは、"便益（Benefit：ベネフィット）"という視点である。スポーツの便益（スポーツから得られる社会的な利益。詳しくは次項を参照のこと）は、スポーツの特性によって異なるという性質を有している。

❸スポーツの供給

　スポーツ立国と観光立国は、"スポーツのツーリズム"にみる可能性を政策として推進する宣言である。スポーツの供給はオリンピック開催への立候補が国家的供給の例である。第二次世界大戦後、敗戦国となったイタリア、日本、ドイツは、それぞれローマ、東京、ミュンヘンとオリンピックを開催し、経済復興の印象を世界に発信した。

　1984年のアメリカでのロサンゼルスオリンピック以降、商業的なオリンピックに傾倒して2004年のアテネオリンピックは欧州経済に多大な負担をかけることとなった。国家的に進められるスポーツの供給は、その計画前に行われたはずの需要予測が適正さを欠くこととなれば国家経済が破綻するのである。オリンピック開催に消極的な国が増えている現状は、スポーツの需要と供給のバランスを長期的な視点から分析する重要性を示しているのである。

2．健康経営の経済効果

（1）スポーツの便益とは

　スポーツの便益を考える場合、ヒトが何を求めて、あるいは結果的に何を得ることにつながるのかを探ることが肝要である。"カネと時間をスポーツ行動に使う個人"と"カネと時間をスポーツ施設の整備に使う行政"との接点を社会経済学の観点から探求することの必要性は将来的にも増すであろう。そして、スポーツへの費用と便益の関係の一つを、"健康の維持増進"との観点から探ることも重要

なスポーツの社会経済学的検討の対象である。

　文部科学省は、"自発的で自主的でさらに積極的な行動を促す"ために「スポーツ振興法」を全面的に見直して、「スポーツ基本法」を整備し、この前文においてスポーツの可能性を明記した。これに基づいて「スポーツ基本計画」を2012（平成24）年3月に策定している。

　一方で「21世紀における国民健康づくり運動（健康日本21）」は、世界でも有数の長寿国であるわが国の"健康寿命の延伸"を目的に、2000（平成12）年に厚生省（現：厚生労働省）が政策プログラムとして定め、都道府県名・市区町村名を冠した"健康○○21"の計画化を求めた。さらに、2002（同14）年に健康増進法が制定され、健康を害する可能性のある生活様式、つまり、ライフスタイルの改善を個人にも社会にも求めるようになった。なお、2000（同12）年度から2012（同24）年度までは「健康日本21」が進められ、2013（同25）年度から2022（令和4）年度までは「健康日本21（第2次）」として運用されている。

　スポーツ基本計画や健康日本21では、政策の目的と具体的な目標値が明記されるようになった。これに倣って地方自治体でも同様に数値目標が示されるようになり、実証的研究をさまざまな方法で試行することができるようになった。特に、健康を鍵概念に、"スポーツ行動にも含まれる「身体活動・運動」という行為が医療費の削減とどのような関係性があるのか"という疑問と長寿社会の社会経済学を考える場合、これは極めて重要な観点となる。なぜなら、長寿社会では人口構成における高齢者の割合が多くなり、その分、長年の生活習慣を原因とする病が発症し、その処置が施されることとなる。そのため医療費の増大は避けられないと推察されるが、スポーツに参加したり、ラジオ体操を習慣化したり、身体を動かすことでそれらを軽減できる可能性が秘められているからである。

　朝日新聞デジタルのインタビュー記事「医療費削減の幻想　医療経済学者・康永秀生さん」[5]では、「予防医療は健康寿命を延ばすためのもので、医療費を削減するためにやるものではありません。健康という価値を得るための『投資』であり、お金がかかるのです。もちろん、投資に対してより効率のよいやり方を選ばないといけません」としている。これは、1980年初頭にアメリカにおける不健康なライフスタイルの改善を求め、カーター元大統領が「最も見返りの期待できる投資（best possible investment）」と述べたと池田が指摘したように[6]、積極的な健康の維持増進のためのライフスタイル形成、つまり、"身体活動・運動"としてのフィットネスプログラムへの費用を投じる意味を強調したことと通ずる。

　医療が"予防→発見→治療"のプロセスを経て医療費の増大につながるならば、治療の領域に足を踏み入れないための行動が必要であり、それは健康診断を受けないことを意味するのではなく、受診しても異常のない状態に、自身の身体を導くことである。

超高齢社会に生きること、つまり、加齢すれば異常は発見されるであろう。しかしながら、その状態の悪化を遅らせることは可能であろうし、この重要な"時間稼ぎ"も便益として計上されるべきと考えるのは、必ずしも間違いではない。

（２）企業経営と健康への投資

"スニーカー通勤"。日経MJによれば[7]、「スポーツ庁が2017年秋から"歩きやすい靴での通勤を呼びかけたのを契機に、大企業でスニーカー通勤が推奨され、アプリで歩数を測ったり、たくさん歩いた社員をランキングしたりする」など、企業が従業員の健康づくりに意欲的に取り組んでいる。企業はなぜ、健康経営に尽力するのだろうか。

将来予測の重要性を説く『メガトレンド』を記したネイスビッツ（J. Naisbitt）は、続編として『サクセストレンド』を著した。いずれも経済評論家であった竹村健一によって翻訳されたが、この『サクセストレンド』の中に「"ウエルネス（健康）"こそ、企業の最大投資」という章が設けられており、企業における社員を対象とした健康維持増進のための活動の有効性を説いている。そして、こうした提言などから「健康阻害要因となる危険因子の減少とそのための行動変容[★4]」「医療費の抑制」「欠勤数（欠勤率）の抑制」「生産性低下の抑制」の４つに着目した企業経営に対する評価が株主たちから下されるようになった。

わが国の産業構造が工業中心であったころから"健康経営"の考え方は、"企業（内）フィットネス"という言葉で存在した。菅原紘悦は、北九州市にあった新日鉄八幡製鉄所（現・日本製鉄）の健康保険組合が1981（昭和56）年から実施した健康教室の有効性を医療費の支出抑制をもって報告した[8]。具体的には、肥満傾向の社員と高血圧症ならびに糖尿病の軽度所見者を対象に実施した「健康体力作り教室」の有効性を医療費支出の減少をもとに明示し、さらには教室廃止後も有酸素運動を定期的に継続した社員の医療費抑制が進んだことを示している。

アメリカの研究では、フィールディングス（J. E. Fieldings）が、"ジョンソン＆ジョンソン社"の事例を報告している[9]。同社が1980年から実施した社員向けフィットネスプログラム"LIVE FOR LIFE"による便益を算出し、社員の健康づくりのための投資額との費用便益率は1.7とし、その効果は継続されることによって費用便益率がさらに上昇すると示している。

実は健康経営は新しい概念ではなく、古くから培われてきた。アメリカの企業で積極的に行われてきたのは、脆弱な保険制度と自身の健康保持は自己責任というイデオロギーの背景がある。わが国でも少子化が進み、加えて超高齢社会の到来によって労働者人口数の減少は避けることができない。企業の取り組みである健康経営は単なる一企業の問題ではないことを忘れてはならない。

★4
健康阻害要因とは、一般的には"運動不足"と呼ばれる身体的な活動の不足、過度な喫煙や飲酒、過剰なカロリー摂取と栄養バランスの欠如、睡眠不足というように、日々繰り返されることによって習慣化し、肥満や高血圧といった心臓循環器系の病因となる行動をいう。これらを見直すことを推進し、医療費への保険料支出の軽減化を図り、生活習慣病を起因とする欠勤数を抑制し、企業の生産性を抑制するとともに、健康的な企業イメージの向上につなげようとするものである。言い換えれば、直接的な効用は「医療費の抑制」「健康保険への負担軽減」「生産性の向上」となるが、間接的な効用は「欠勤率の低下」「転職・離職者の減少」「就業時における事故発生率の低下」「組織モラルとしての仕事への意欲向上」があげられる。

✚ 2　スポーツイベントの社会経済学

１．イベントの経済的価値

（１）スポーツイベントの経済効果

❶ラグビーワールドカップ2019日本大会による経済効果

　市橋秀夫が示している通り[10]、"スポーツの市場"は、モノやサービスの売買が成立する場を指す。ここでは、"スポーツイベントを核として際限なく広がりを持つスポーツの市場"について、スポーツイベントの経済効果からその理解を深めてほしい。

　ラグビーワールドカップ2019日本大会が2019（令和元）年９月から11月に開催され、20チームが参加、日本全国12会場[★5]で48試合（プール戦40試合、決勝トーナメント８試合）が行われた。

　公益財団法人ラグビーワールドカップ2019組織委員会は、新日本有限責任監査法人の協力を得て、2018（平成30）年３月に「ラグビーワールドカップ2019日本大会」で期待される日本国内への経済効果を分析し、経済波及効果は4,372億円、GDP（国内総生産）増加分は2,166億円と試算した。一方、これより以前には、2015（同27）年３月に日本政策投資銀行が九州管内に限った経済効果を350億円と試算し[11]、2016（同28）年５月には全国での経済効果を2,330億円と試算している[12]。

　組織委員会は経済波及効果を公開した目的を、「開催地方の自治体や関連する団体、企業の関係者が経済効果の拡大につなげていただくこと」としている。スポーツイベントは誘客するための"仕込み"から始まり、集客消費を促すための"販売"が行われ、イベント終了後への"つなぎ"までが必要となる。年中行事として開かれる祭りと同じ流れであるが、来訪者の移動範囲が広がれば広がるほど、その経済効果は大きくなる。また、スポーツイベントと市場の関係の経済効果は、期間が限定されて推計されるものであるが、レガシーという言葉に象徴される"便益"は永続的なのである。

❷スポーツイベントが遺す足跡

　ラグビーワールドカップ2019は、スポーツ大会のなかでも、「世界からの注目も来訪者数の多く、オリンピック・パラリンピック、サッカーワールドカップに次ぐ世界第三のスポーツイベントという大会規模」であることや「開催都市が全国12か所に点在する」という特徴を持っている。開催期間が約２週間で都市開催のオリンピック・パラリンピックに比べ、約７週間かけて12か所で開催されるラグビーワールドカップは、それだけ開催都市やキャンプ地の人々と交わる機会も

★5
札幌市、岩手県・釜石市、埼玉県・熊谷市、東京都、神奈川県・横浜市、静岡県、愛知県・豊田市、大阪府・東大阪市、兵庫県・神戸市、福岡県・福岡市、熊本県・熊本市、大分県。

多く、地域にとっても経済効果のみならず、子どもたちのイベント参加、ラグビー普及、ボランティア育成、地域の活性化など、大会をきっかけにして、社会、地域、人々の心に"目に見えないレガシー（遺産や遺跡）"が遺されることが期待できる。有形・無形のレガシーを引き継いだと称されるロンドンオリンピック・パラリンピックでは、ロンドンの人々がそれぞれの立場から大会をつくり上げたからこそ、地域にレガシーとして遺ったといえる。選手や観客、大会に携わる人々がもう一度この街に来たいと思わせる大会の準備が進められたのならば、きっとレガシーは伝承されるであろう[13]。

（2）イベントの費用—公益性とベネフィット—

ラグビーワールドカップの大会期間中に試合会場となるスポーツ施設が新たに建設・改築されるなど大会開催に必要な整備費用（Cost：コスト）は、経済効果として計上されている。

間野義之が述べるように、「費用については、建設費や維持費等が該当するが、これらについての情報は類似事例や事業者からの見積等によって、比較的容易に計測することができる。一方、便益については、各人から正確な申告を得ることは容易ではない。したがって、このような場合は観察される便益で近似させる方法をとる場合が多い」[14] ため、便益の算定は大会期間とその後に、大会開催を始点として時系列的にできる限り長く残る、多様で多彩な"組織的な行事"や"個人的な行動"を想定し計測することが求められることとなる。

その場合、「当初に得られる便益は、将来得られる便益よりも高く評価する傾向があるので、経年的に一定額（社会的割引率）を当初の便益から差し引くことが必要となる。これら便益の合計（社会的余剰）が費用を上回る点が、公共財の最適供給量といえる」[15] ことも間野は指摘している。

佐々木康[16] が述べるように、長期的な便益の創出には、継続的なイベントの誘致や相乗効果の創出が必要で、人的資源の育成も含む積極的な投資が必要である。この投資もまた、費用として計上し、その便益の算定も計測することが繰り返されることによって、スポーツ市場の社会経済学的な評価を最適化することが可能となるのである。

2．ボランティアの経済性

（1）スポーツイベントとボランティア

スポーツのボランティア活動への参加は、スポーツの大会やスポーツに参加する人たちを支えることによって、賃金を得るための労働では得られない達成感を得ようとするスポーツへのコミットメントであり、"できる範囲（時間・場所）・

できる能力（知識・技術）"を拠出する能動的な活動である。スポーツから得られる便益としての達成感は、"所得効果"を高めるための供給的なプログラムとして有用である。

　わが国では1998（平成10）年の長野冬季オリンピックを契機に、スポーツイベントの開催におけるボランティア活動に関する報道が増加し、特定のスポーツ種目自体にはあまり興味や関心が高くない人々も、スポーツイベントに関わる機会が増えていった。

　ラグビーワールドカップ日本大会ではおよそ３万8,000人を超える応募が公式ボランティアプログラムに集まり、１万3,000人が採用されている。「NO-SIDE（ノーサイド）」と名付けられた公式ボランティアプログラムは、ボランティアチーム"TEAM NO-SIDE"★6を通じて、ラグビーフットボールの文化を学ぶことと、参加者の持ち合わせた能力を生かすことの２つのチャンスを提供するものでもある。そして、大会関係者の多様性、日本初の開催であることを考慮し、さまざまな価値観や個性を束ねる軸、さらに共通の目指すゴールとして言語化されたTEAM NO-SIDEの定義が以下のように定められた。

★6
大会運営に関わる人員（組織委員会職員、開催都市職員、そのほかRWC2019の大会運営に関わる人員）をワークフォースと呼び、そのチーム名を「TEAM NO-SIDE」とした。

　　　　"TEAM NO-SIDEで創ろう。一生に一度を創ろう。"
　目指すゴールを達成するために、意識と行動を６つの言葉で表現した。
Now or Never 今こそ好機
この瞬間は二度とはやってこない、今を大切にしよう。
Open Mind 開かれた心
多様な価値観、個性を受け入れよう。
Smile 笑顔で活動しよう
温かく、前向きな空気で出迎えよう。
Imagine 想像しよう
独りよがりにならず、相手が求めていることを想像しよう。
Do 行動しよう
勇気を持って一歩踏み出そう、行動しなければ何も始まらない。
Enjoy 楽しもう
何よりも、自分自身が楽しもう。

（２）曖昧さの不都合―奉仕？　慈善？　ボランティア？　"支える"って何？―
❶ボランティアのあり方

　カタカナで表記される言葉は、その意味や背景の曖昧さが良くも悪くも利用されることが少なくない。ボランティアも言葉自体は広く使われるようになってはきたものの、実は正確にその概念を説明できる人は多くない。

ボランティアよりも先に"奉仕活動"や"慈善活動"という言葉があったが、これらを包含する言葉としてボランティアという概念が存在すると理解する方が適切である。2000（平成12）年に文部省（現：文部科学省）は、「スポーツボランティア」の定義を「地域におけるスポーツクラブやスポーツ団体において、報酬を目的としないで、クラブ・団体の運営や指導活動を日常的に支えたり、また、国際競技大会や地域スポーツ大会などにおいて、専門的能力や時間などを進んで提供し、大会の運営を支える人のこと」とした。これ以降、この定義に従ってスポーツとボランティアの関係を行政がさまざまなスポーツイベントで活用するようになった。

　しかしながら、2020（令和2）年に開催予定の東京オリンピック・パラリンピック大会でのボランティアについて、大学などの高等教育機関に例年とは異なる学年暦を定めることを求め、ボランティア活動への参加を授業参加として認めるなどの措置を講じるよう指示をするというように、東京オリンピック・パラリンピックのボランティア活動へ学生を誘引しているとも受け取られかねない教育行政のボランティア施策など、さまざまな問題が浮き彫りとなった。

　かつて永六輔が記した「ボランティアを利用する行政」[17] では、ボランティアという用語の曖昧さを利用し、本来ならば費用を負担してでも行われねばならぬことをボランティアに依存したり、自主的で自発的な活動であるはずのボランティア活動への参加者を区別や差別するような仕組みで取り仕切ったりするなどのさまざまなボランティアに関する問題の根本を、永自身の見聞と実体験から明らかにしている。ボランティア活動がプログラム化され、必要な能力を見定めて必要な人員が配置され、定められた時間に決められた業務に従事してもらうことが、スポーツイベントにおけるボランティア活動の現状である。

　ボランティア活動がプログラム化し、必須の人員として決められた員数が配属されることは持続可能な活動ではなくなる可能性もある。配置されている場所に誰か居なくてはならないケースなら、多くの人が当番する時間を話し合い、従事する業務をシェアすることが望ましく、このことこそが本来のボランティアの形式であろう。

❷スポーツイベントの価値

　スポーツもカタカナ用語であり、わが国で最初にスポーツを定義した「スポーツ振興法」では、「『スポーツ』とは、運動競技及び身体運動（キャンプ活動その他の野外活動を含む。）であつて、心身の健全な発達を図るためにされるもの」と定義されていたが、このスポーツ振興法を改定した「スポーツ基本法」では、スポーツの定義が削除されている。つまり、スポーツは種目やその楽しみ方に際限のない広がりを有していることが認められているという背景があるのではないだろうか。

　『スポーツルールの論理』を著した守能信次は、「スポーツはやってもやらなくても良いモノ」[18]　と定義し、スポーツにおけるルールの構造とその機能、そしてスポーツの原理について社会学的な観点から言及したが、現代の日本社会はスポーツの価値をあらゆる領域にて産業化しようとする企てによって管理され、監視されるなかで物事が進んでいる。つまり、やりたい者たちがやりたいことをただ楽しみたいという自由を奪われてしまう状況に追い込まれつつあるようにも感じられる。

　曖昧さの不都合とは、画一化の都合が優先される裏返しである。スポーツイベントでは、昨今、イベントに関わるボランティアの参加者数を競わせるような風潮があるが、産業化するスポーツイベントは、"魅せる"と"支えさせる"部分においても、ボランティアというカテゴリーも含めたコミットする人数をイベントの価値として売り込むための材料にしてしまうのであろう。

　古来、祭礼として賑わいを続ける日本文化の象徴である祭は、ボランティアという概念など持たずに伝承されてきた。政治や経済などが入り込む余地などない純粋な祭の形があり、祭を彩る町衆がそれを最優先してきたからに違いない。

　1996年にプロ化した15人制ラグビーユニオンは、オーストラリア・ニュージーランド・南アフリカの3か国によるプロリーグ「スーパー12」をつくり、また、この3か国の代表チームの巴戦もプロのラグビー選手による試合となった。筆者が在外研究員として滞在していたニュージーランドにおいて、プロ化によって失われてしまうラグビー文化の衰退を憂うクライストチャーチ[★7]ラグビークラブのメンバーと共にラグビーボールを追い、その後にクラブハウスで語り合ったことを思い出す。そのなかでマオリ族の子孫たちやサモアからの入国者たちが強調した"勝ち負けよりも交流の大切さ"を、ラグビーの魅力として伝承し続けていくことの価値を今改めて考える。

　スポーツがイベントのコンテンツとして産業化し、興行化することが良き文化や風習を失うきっかけになることに、スポーツに関わる読者は気づく目を持ってもらいたいと願う。

★7　クライストチャーチ
ニュージーランド南島の都市。

【引用文献】
1）池田勝「体育活動の経済的価値」宮下充正・高石昌弘編『二十一世紀の体育・スポーツ』杏林書院　1982年　pp.41-49
2）藤井政則『スポーツの崩壊―旧東ドイツスポーツの悲劇―』不昧堂出版　1997年
3）永松昌樹・宮地元彦・宮本和幸「研究成果の商品化とスポーツコンテンツの商品価値」日本スポーツマネジメント学会編『スポーツマネジメント研究』第9巻第2号　創文企画　2017年　pp.111-136
4）新名謙二「スポーツ需要の分析・予測」池田勝・守能信次編『スポーツの経済学』杏林書院　1999年　pp.61-82
5）朝日新聞デジタル「医療費削減の幻想　医療経済学者・康永秀生さん」2019年6月12日　https://digital.asahi.com/articles/DA3S14052128.html?_requesturl=articles%2FDA

3S14052128.html&rm=149（2019年10月25日閲覧）

6）池田勝「健康づくりの経済学的研究」日本体育学会編『体育の科学』第36巻第3号　杏林書院　1986年　pp.172-176

7）日本経済新聞「働き方改革で広がるスニーカーケア、通勤用きれい」2019年6月18日
https://www.nikkei.com/article/DGXMZO46183120X10C19A6H34A00/（2019年10月25日閲覧）

8）菅原紘悦「健康保険組合の健康投資—新日鉄健保組合の場合—」日本体育学会編『体育の科学』第36巻第3号　杏林書院　1986年　pp.193-199

9）Fieldings, J.E. "The LIVE FOR LIFE Program of Johnson & Johnson: Direct and Indirect Economic Benefit"（Ed.）Opatz, J. "Economic Impact of Worksite Health Promotion" pp.209-228. Human kinetics Publishers, Illinois 1994

10）市橋秀夫「スポーツ市場の分析」池田勝・守能信次編『スポーツの経済学』杏林書院　1999年　pp.43-60

11）日本政策投資銀行九州支店「ラグビーワールドカップ2019日本大会の九州における経済効果試算」2015年
https://www.dbj.jp/pdf/investigate/area/kyusyu/pdf_all/kyusyu1503_01.pdf（2019年10月25日閲覧）

12）日本政策投資銀行地域企画部東北支店・九州支店・大分事務所「ラグビーワールドカップ2019開催による経済波及効果および開催都市の取り組みについて」2016年
https://www.dbj.jp/pdf/investigate/etc/pdf/book1605_01.pdf（2019年10月25日閲覧）

13）総務省地域力創造グループ地域振興室「ラグビーワールドカップ2019を通じた地域活性化についての調査研究報告書」2017年
http://www.soumu.go.jp/main_content/000571808.pdf（2019年10月25日閲覧）

14）間野義之「スポーツ市場における公共部門の役割」池田勝・守能信次編『スポーツの経済学』杏林書院　1999年　pp.83-100

15）同上書14）　pp.83-100

16）佐々木康「スポーツの経済波及効果」池田勝・守能信次編『スポーツの経済学』杏林書院　1999年　pp.128-147

17）永六輔「ボランティアを利用する行政」永六輔・助世夫健『あがぺ・ボランティア論』光文社　1997年　pp.22-28

18）守能信次『スポーツルールの論理』大修館書店　2007年　pp.178-228

【参考文献】

・J. ネイスビッツ（竹村健一訳）『メガトレンド—10の社会潮流が近未来を決定づける！—』三笠書房　1983年

・J. ネイスビッツ・P. アバディーン（竹村健一訳）『サクセストレンド—会社10年戦略：繁栄する企業がいま必ずやらねばならぬこと—』三笠書房　1985年

メディアスポーツ論

● 第6章の学びのポイント ●

　オリンピックやサッカーのワールドカップに代表されるように、今日のスポーツは多くの人と企業を巻き込む取り組みによる商業化・国際化がますます進んでいる。本章ではスポーツと経済活動との関係をメディアとの関わりから説明していく。その際、以下の3点が学びのポイントとなる。
・スポーツ競技の競い合いがもたらすおもしろさや感動の表象について理解しよう。
・メディア革命とともに発展したスポーツの商業化と国際化について理解しよう。
・スポーツとデジタル・テクノロジーの融合が社会にもたらす可能性について考えよう。

■ 1 スポーツに始まるメディア革命

1．情報の表象とスポーツ

　近代社会において大衆が繰り広げる街角のスポーツからプロが行う見世物としてのスポーツまで、スポーツの大衆化・高度化とともにスポーツのイベント・情報の商品化が進展している。そして今日では、テレビやインターネットなどの情報発信技術の発展と進歩によって、世界の人々がオリンピックや国際的なスポーツ大会をリアルタイムで共に楽しめるようになった。日ごろ、私たちはスポーツから生じる出来事の情報を、言葉や記号、文字、映像、行動、そしてイメージなどとして、心に表象することができ、何かを意味することを理解している。ここでは、表象が表象であるとはどういうことか、心的表象が意味を持つとはどういうことか、について情報という視点からスポーツを考えてみる。

（1）情報の流れとしての世界にあるものないものを表象するとは？

　ボールが転がれば情報が生まれ、それは出来事から出来事へ流れ込む。例えば

ゴルフにおいて、転がるボールが穴（カップ）に近づく情報は、多くの観客がざわめくという出来事に流れ込み、その振舞いを見た選手の心的表象に流れ込み、穴（カップ）に入るという信念が形成される。われわれの世界は、あれが起きているならばこれも起きているというさまざまな自然なつながりの（因果的）世界であり、そのままで情報の流れる世界として見ることができる[1]。人間は身体を中心とした動きを用いて身振りや表情をつくり、無数の音を言語音として用いてコトバをつくるなど、情報の流れをある角度から切り取り、シルシ（記号）として恣意的に変換・組み合せる（意味づける）ことで、世界の事物や自分の目的・欲求と信念を発生（表象）することができる。そして、それぞれを組み合わせて実行する前にあらかじめ自分の行為を熟慮・検討することや自分の目的を別の目的に取り換えること（目的手段推論）もできるよう進化させてきた（表象の進化）。

　遊びとしてのスポーツも同様に、勝ち負けを決めるゲームで心に現れるおもしろさや感動は、表象能力の進化により発生している。人間の思考・話し合い・議論・説得から生まれる合意（法的安定性の確保、正義の実現やおもしろさの保証[2]）により、途切れることなく存在する自然的情報の時間・空間距離を分節する（意味づける）ことで、遊びをする人（ホモ・ルーデンス：Homo Ludens）となり、動きを積極的に操作・工夫して予見・計画に基づいて未来の行動をイメージ（表象）することで、あらかじめ設定されたゴール・ポストにボールを（投げ・蹴り）入れ、ネット（境界線）を境にしてボールを打ち合い、ボールと走者との関係からベース（陣）を取り進め、実用的な目的には奉仕しない競い合い（差異）の活動から見出される記号的価値を動機づけとすること（目的手段推論）によって心的表象が形成される。さらに表象の進化は、「二人かそれ以上の人間が相互に情報を伝達してお互いの同意により、何かを何かの代わりにすることができる記号過程」[3]を通じて、自分以外の何者かを心に表象することにより、抽象的表象[4]も可能となった。そして心の中の表象を操作することで、例えば昨日行われた野球のゲームも明日行われる野球のゲームも基本的パターンに即した同じゲームとして扱うことができる。また、陸上競技などの記録に客観的な意味を与えて相互の成績比較をすることも可能となり、表象をつくるシルシ（記号）の意味（目的・自由・価値）も進化している。

　モノ・コト・行為を結び付けるシルシ（記号）の活動は、「どんな価値でももつ記号を創り、また諸記号に代わる（代表する）記号を創り出す自由」[5]により、社会的な表象として、新聞・ラジオ・テレビなどにより事物、事件、人物、そして現実が記述され、表現され、意味づけられることで、まわりの出来事の世界を知り得ることが可能となった。長い歴史のなかで人類は、情報の流れる世界の「出来事に意味を付与して体験を知識に変換する記号の伝達媒体」[6]として、さまざまなメディア（身体・文字・絵画・言葉）を発達させてきたといえる。

　情報が何ら印象を残すことなく消費され、消費者の嗜好がメディアによって創られているメディアクラシー[★1]の社会において、記号の力と限界とについて体系的に知っておくことが必要である。ブーアスティン（D. J. Boorstin）は、テレビを「目で噛むチューインガム」、安っぽい小説を「文学のチューインガムであり、風味もなければ栄養もなく、ただ機械的な咀嚼に役立つだけである」としたうえで、メディアについて「われわれはガムを噛むことによって栄養を取っているのだと思わない限り、危険はないのである。しかし、グラフィック革命[★2]は、あらゆる経験を一種の精神的チューインガムに変えてしまう手段を提供してくれた。絶えず甘味を増すことができ、われわれはそれから栄養をとることができるという錯覚をわれわれに与えることができる」[7]と批判している。

　記号と記号で示されているものとの間には何の必然的な関連性がないこと、記述され、表現され、意味づけされた周りの出来事の世界は自身の経験で直接に知り得る世界（われわれの感覚の前を常に通り過ぎている出来事の流れ）ではないこと[8]、さらにメディアは常に対象を記号化・象徴化し変換する、予期せぬ展開や拡張を起こすメッセージ[9]であることを認識しておく必要がある。これらの認識に基づき「メディアが形づくる『現実』を批判的に読み取るとともに、メディアを使って主体的に表現していく能力」[10]であるメディア・リテラシーの育成[★3]により、個人と社会の関わりや社会そのものの仕組みを理解できるようになることが重要である。

（2）スポーツはアナログかつデジタルなゲーム？

　スポーツとは、「遊戯の性格を持ち、自己または他人との競争、あるいは自然の障害との対決を含む運動」（「スポーツ宣言」：1968年メキシコオリンピック・スポーツ科学会議）と定義される、勝ち負けを決めることを目的とした遊びの代表的なものである。人間は遊びとしてのスポーツに対して「いかに勝つのか」「いかに達成するのか」のアイデア（新しい技術・体力要素）を創出（身体で表現）することで、明確な価値（記号的な価値）を見出して取り組むことができるホモ・スポルディヴィス（Homo Sportivus：スポーツする存在としての人間）でもある。

　スポーツが洗練された今日的なスポーツへと発展を遂げていった背景として、スポーツを自らやっても、外から眺めてもおもしろいといったゲームとしてのおもしろさと楽しさを保障するために必要に応じてルールを書き換えてきたことで、人間が行うべき意味と価値があるものとして存続してきたことがあり[12]、スポーツに関する共時態的理解（ある歴史的時点におけるスポーツの関連性）が通時態的理解（スポーツの意味の歴史的な変遷）に優先することからも明らかである。そして、ゲームとルールの関係は、言語学におけるラング/パロール、通信理論におけるコード/メッセージの関係とほぼ等しく、スポーツはアナログかつデジ

★1　メディアクラシー
新聞・放送などマスメディアが巨大権力化し、強大な影響力で世の中を支配する体制となっていることをいう。

★2　グラフィック革命
19世紀に始まった輪転機による大量印刷や写真による新聞のイラスト化など、出来事を報道し、複製する新しい技術が発達したことに伴うメディア革新のことをいう。

★3
メディア・リテラシーの育成とは、メディアが単なる伝達手段でなく、それ独自の仕組みを持っていて、そのあり方いかんで世界の見え方が変わることに気づき、さらにそうしたものの見方や感覚を養い、鍛えることをいう[11]。

タルな、しかも勝負はデジタルが最後に浮かび上がっているゲームであり、スポーツのゲームは直接的には身体で行われるにもかかわらず、情報という視点から見ることができるゲームである[13]。

　人間の時間・空間距離をつくる抽象化能力によって算出される情報の種類は、「より速く、より高く、より強く」（オリンピックの標語）に象徴される時間・空間・質量の数的な差異化・差延化である。スポーツはこのデジタルな差異を追求するものであり、メディアに媒介された情報の集合から生じる巨大な力（資本）にのみ込まれ[14]、情報を消費する社会における情報通信メディア産業を構成するゲームの一つとなり、ますます多くの人びとの関心を引きつけている。さらに情報技術の大衆化により、一般の人びとがスポーツ情報のプロシューマー（生産消費者）[15] となり、一緒につくる喜びを創発する役割も担っている。

２．情報・メディア・コミュニケーション技術の革命

（１）メディア革命と産業革命

　人間の社会は、話しコトバや文字の発明、電子信号や情報を表す最小単位（ビット：binary digit）の発明によって、活字印刷・複製技術（書籍、新聞、絵画、写真、レコード、CD、映画）、電信技術（電話、ラジオ、テレビ）、そしてデジタル通信技術（コンピューター、インターネット）が向上し、コミュニケーション技術革命をもたらした。同様に、生産技術革命によって、狩猟採集社会（Sociaty1.0）から、農業社会（Sociaty2.0）、工業社会（Sociaty3.0）、そして情報社会（Sociaty4.0）へ移行した。文明批評家であるマクルーハン（M. McLuhan）が「食料収集家たる人間が、不条理なことに、情報収集家として再登場している」と評した通り、現代社会は情報を燃料に走っており、情報は血液であり、ガソリンであり、生命力でもある[16]。社会が大きく変化するなかで、わが国の目指すべき未来社会として、情報が溢れている情報社会（Society 4.0）の課題に対して、サイバー空間（仮想空間）とフィジカル空間（現実空間）を高度に融合させたシステムによって経済発展と社会的課題の解決を両立する、人間中心の社会（Society5.0）の実現があげられている。

（２）メディア革命とスポーツ

　メディア革命は、ラジオ・電話・写真・映画などのアナログ・メディアの発達によって20世紀前半に起こった「アナログ革命」と、その後、コンピュータ原理と情報最小単位の発明によって1950年以後に起こった「デジタル革命」に区分される[17]。

❶第一次メディア革命とスポーツ—アナログ革命（1900〜1950年）—

　第一次メディア革命であるアナログ革命は、文字を意味する「Graphy」がその一部に入る「複製印刷機（Typography）」が「型の文字」、「写真（Photography）」が「光の文字」、「蓄音機（Phonography）」が「音声の文字」、「映画（Cinematography）」が「運動の文字」として発展した。また、遠隔を意味する「Tele」がその一部に入る「腕木式通信（Telegraphy）」が「遠隔の文字」、「電話（Telephone）」が「遠隔の音声」、「テレビ（Television）」が「遠隔の映像」として発展した。つまり、文字と遠隔のテクノロジーの発展がアナログ革命の特徴といえる。

　この時期におけるスポーツとメディアの関係は、まず新聞や雑誌を中心とした活字メディアによる情報提供が活性化した。19世紀後半からイギリスの出版社では、一般向けや一部専門家向けの週刊雑誌を発行し合い、新聞社は一般紙にもスポーツ紙面を設けて前日の試合結果を読者に届け、スポーツに興味を持つ大衆を取り込んでいった。また、無線で聞く・視る電信技術の発展により、1921年にアメリカでワールドシリーズが、1928年には日本で大相撲のラジオ放送が開始され、1939年にはアメリカで、1953年には日本でテレビ放送が開始され、スポーツに関する定期番組が放送された。ラジオ放送やテレビ放送は、放送による観客数減少を補償するための球団への放送権料の支払いなど、運営費に多くのお金がかかるため、無料で視聴ができるよう広告放送を実施し、広告収入でその部分を補った[18]。さらに新聞社も含め放送業者は、自ら各種のスポーツイベントを主催して観客を動員し、そのうえで関連記事やニュースを量産し、放送し続けるさまざまな方法を実行した。また、放送技術の発展と進歩により、スポーツの実況放送や衛星中継が行われ、アナウンサーの声や語りを通して聞き手の想像力を膨らませるとともに、速報性を備えた映像配信によって世界規模の視聴者に大規模大会の生中継が届けられるようになった。

❷第二次メディア革命とスポーツ—デジタル革命（1950〜2000年）—

　第二次メディア革命であるデジタル革命は、機械で行う計算技術の発展と進歩によって起こった。具体的には、1945年にプログラム内蔵式のコンピュータであるフォン・ノイマン型計算機の基本設計が明らかとなり、1948年には情報の最小単位であるビット（0と1の2進数）とシャノン・モデル（情報源、送信機、通信路、雑音源、受信機、受信者の要素からなる通信システム）が提唱され、あらゆる情報は数値に置き換えて表すことができるようになった。また、確率という側面から情報量を定義し、価値ある情報を高速に、正確に用いることが可能となった[19]。

　この時期におけるスポーツとメディアの関係は、1964年に行われた東京オリンピックが衛星中継され、新しいテレビ技術（スローモーションVTRや接話マイ

クなど）が登場した。また、1960年代以降には、ラジオと白黒テレビからカラーテレビへ移行した。さらに、有線・無線によるデジタル放送など放送技術の高度化に伴い、スポーツ団体の試合を見たい視聴者を囲い込むため、地域や全国ネットのテレビ局が各スポーツ団体との独占的な放映権を契約するなどの競争が行われた。アメリカではケーブルテレビ局の買収・統合がなされ、1980年代にはケーブルテレビの普及率が5割を超え、海外の視聴者（市場）を求めるようになった。日本においても1980年代にケーブルテレビが地域の総合情報インフラとして開局し、地域のスポーツイベント情報などの多チャンネルサービスが開始され、同時期にNHKの衛星放送並びに民間衛星放送（WOWO）が有料で放送されるようになった。

❸ 2つのメディア革命後—2000年以降—

　2つのメディア革命以後、情報をやり取りするインターネットとビット情報を総合的に取り扱うコンピュータや情報端末（スマートフォンなど）の普及に伴い、メディア区分の必要性がなくなり、メディアにおけるプラットフォームの融合が議論となっている。放送と通信の融合では、放送局においても有料VOD（ビデオ・オン・デマンド）サービス、無料見直しサービス、同時・ライブ配信など、新しい情報通信サービスが開始されているが[20]、情報通信放送技術の高度化とともにスポーツ情報の収集や視聴スタイルも多様化しており、特にインターネットでスポーツ映像を配信しているAbemaTV、Facebook、Amazonプライムビデオ、DAZNのようなOTT（オーバー・ザ・トップ）が主流となっている[21]。

　「2018年日本の広告費」[22]から国内広告の媒体別推移を見ると、総広告費は6兆5,300億円（前年比102.2%）と7年連続プラスとなっている。「インターネット広告費」は1兆7,589億円（同116.5%）で5年連続プラスとなり、「テレビメディア広告費」の1兆9,123億円（同98.2%）に追いつく伸びをみせている。一方で、「新聞広告費」「雑誌広告費」「ラジオ広告費」「テレビメディア広告費」を合わせた費用は、2兆7,026億円（同96.7%）と4年連続マイナスとなっている。

　2つの大きなメディア革命によって、インターネット、モバイル・メディア、SNS、動画サイト、電子書籍まで、世界のあらゆる情報がデジタル化されるなど、メディア環境は劇的に変化しており、これからはスポーツ（する・みる・ささえる）と次世代テクノロジー（AI、IoT、5G、VRなど）を融合して、スポーツへの投資促進やスポーツの価値高度化を図るとともに、スポーツの場から他産業の価値高度化や社会課題の解決につながる新たな財・サービスが創出される社会の実現を目指す「スポーツ・オープン・イノベーション・プラットフォーム（SOIP）」[23]の構築が求められている。

2　スポーツと情報メディアテクノロジーの新境地

1．オリンピックとサッカーワールドカップの国際化・商業化

　大規模なスポーツの実施や競技会の開催には多額の経費がかかり、それは開催
都市などの補助金や民間資本に大きく依存する。そして同時に、新聞・ラジオ・
テレビなどの情報メディアが宣伝媒体となり、スポーツへの投資を行うように
なった。

　オリンピックとサッカーワールドカップのような全世界でテレビ中継や報道が
されるイベントは、新聞社や放送局などの資本メディアが主催でない商品世界の
スペクタクル的消費（イメージの消費過程）の場であるメディア・イベント[24]
として捉えられてきたが、現代のメディア・イベントは国際化と商業化により、
情報メディア市場を発展させて世界ブランドを創出するシステム（記号過程）へ
とその姿を変えている。

（1）オリンピックとサッカーワールドカップの発展
　ここでは、オリンピックとサッカーワールドカップという2つの大規模なス
ポーツ競技会の開催方式、参加国・地域数と参加人数、実施競技数・開催期間の
変遷を見ていく。

❶オリンピック

　クーベルタン（P. Coubertin）男爵の提唱によって創始され、1896年に第1回
夏季大会がギリシャのアテネで、1924年に第1回冬季大会がフランスのシャモ
ニー・モンブランで開催された。第一次世界大戦による1916年夏季大会、第二次
世界大戦による1940年と1944年夏季・冬季大会の中止を除いて4年ごとに開催さ
れ、1994年第17回冬季リメハンメル大会（ノルウェー）から、夏季大会・冬季大
会を2年ごとに開催するようになった。参加国・地域数と参加人数・実施競技
数・開催期間は、夏季は第1回アテネ大会の14か国・241名・8競技43種目10日
間（4月6日〜4月15日）から、2016年の第31回リオデジャネイロ大会（ブラジ
ル）では207の国と地域・1万1,238名・28競技306種目・17日間（8月5日〜8
月21日）に増加した。また冬季は、第1回シャモニー・モンブラン大会の16か国・
258名・4競技16種類・12日間（1月25日〜2月5日）から、2018年の第23回平
昌大会（韓国）では92の国と地域・2,922名・7競技102種類・17日間（2月9日
〜2月25日）に増加した。

❷サッカーワールドカップ

　法律家で国際サッカー連盟（FIFA）の会長であったジュール・リメの呼びか

けによって、1930年に第1回大会がウルグアイで開催され、第二次世界大戦による1942年と1946年の中止を除いて4年ごとに各国で開催されている。参加国・地域数と開催期間は、第1回ウルグアイ大会の13か国・18日間（7月13日～7月30日）から、第21回ロシア大会では32か国（211のFIFA加盟国・地域のうち）に増加し、32日間（6月14日～7月15日）開催された。

（2）世界ブランドを創出するシステム（記号過程）

　2つの大会は、4年ごと（オリンピック大会では2年ごと）に、国連加盟国193か国（2019年3月現在）よりも多くの国や地域を代表する人びとが1つの場（国・都市）に集い、1か月間で1競技または半月間で最大28競技実施されるイベントとして、「より速く、より高く、より強く」、そして「世界一を決める」という競争システムのなかで機能する象徴価値（優れている・劣っている）が世界の人びとに認識されるようになった。そして、厳格な順位や記録による象徴価値を得た選手が関わることで、商品のブランド価値や世俗的価値は一層増大し、情報メディア関係者やスポンサー企業、国または組織団体によってシンボル化現象の再生産（デジタル情報の再出力）が図られていくことになり[25]、世界ブランドを創出するためのスポーツ（大会組織団体）・情報メディア・スポンサーによる「黄金の三角形」[26] の仕組みが形成されたといえる。

2．大会規模拡大に伴う情報メディアとスポンサーシップの発展

　オリンピックとサッカーワールドカップは、世界規模なスポーツの実施や競技会として、する・みる・ささえる（活性化する）価値のある魅力的な商品にするために、大会組織団体（国際オリンピック委員会［IOC］、国際サッカー連盟［FIFA]）と情報メディア、そしてスポンサーが一体となって取り組んできた。その代表的な取り組みとして、第一に参加国・地域と観客動員・視聴者の数を増やす努力を行ってきたこと（アマチュア・プロ選手の共存）、第二に大会規模の拡大に伴う財政基盤の基準強化（独占的権利の導入）があげられる。

（1）視聴者・観戦者を増やすためのアマチュア・プロ選手の共存

　オリンピックはアマチュア選手（競技会への参加によって物質的な利益を一切得ていない競技選手）の出場を、サッカーワールドカップはアマチュアとプロ選手の出場を前提にして開催された。

❶オリンピック

　1970年以降にテレビのアナログ・デジタル放送が普及し、スキーやテニス、ゴルフなどの競技会において高額な賞金が選手や団体に与えられるようになった。

1974年にオリンピック憲章から「アマチュア競技者」という語句が「オリンピック競技者」に書き換えられ、1984年第14回冬季サラエボ大会、同年第23回夏季ロサンゼルス大会からプロ選手の出場が認められるようになった。それに伴いオリンピックは、トップクラスやスター選手の試合を観戦・視聴できる大会としての魅力を高め、1994年第17回冬季リレハンメル大会から2年ごとに夏・冬のオリンピックを開催することで、情報メディアやスポンサー企業の魅力も高めるものとなった。そして、2016年第31回夏季リオデジャネイロ大会と2018年第23回冬季平昌大会の国・地域数と参加人数は、ともに過去最高となった。

❷サッカーワールドカップ

　当初から契約金や賞金を獲得するプロ選手の参加により、大会観客動員数を大幅に増やしていった。第1回ウルグアイ大会での成功により、欧州だけでなく南米にも観戦者が増加し、1920〜1930年代に急速に普及したラジオ放送（1922年にブラジル、1935年にアルゼンチンでラジオ放送が開始）により、識字率が低かった南米の人びとにおける中心的な情報コンテンツとなってサッカーの魅力が伝えられた[27]。1970年代にテレビ放送が普及し、多くの視聴者や観戦者を獲得することを目的として、大陸別の国営放送局を中心に放映権料を安く抑え、ヨーロッパや南米の放送時間を増大することで視聴者と観客動員数を増やした。さらに、1974年にFIFAのアベランジェ会長が「アジアやアフリカなど『サッカーの後進地域』とされる地域の振興」と「出場国数の増加」を掲げ[28]、1982年第12回スペイン大会からアジア、アフリカ、そしてソ連の崩壊によって加盟国が増加したヨーロッパに新しい出場枠を与え、出場国が24か国になった。さらに、1998年第16回フランス大会からは32か国へ拡大し、ワールドユース選手権や女子世界選手権などの新しい大会の開催も始まった。大会に出場する国や機会が広がるとともに、視聴者と観客動員数も増加しており、2018年第21回ロシア大会では、約35億7,200万人（世界総人口［4歳以上］の約半数）がテレビなどで観戦した。

（2）安定した大会運営費確保のための独占的使用権の導入

　競技会の大規模化は視聴者や観戦者の増加や出場選手の魅力を高められる一方で、大会運営経費の肥大化をもたらすため、持続可能な競技会の実現にはそれに見合った財源確保が不可欠である。

❶オリンピック

　1976年第21回夏季モントリオール大会の経費予算5億8,300万ドルが、オイルショックによる物価の高騰もあり、最終的に13億ドルに増加して2億5,000万ドルの赤字となり、大会後カナダの人々（市民）の税金によって30年かけて借金が返済された。1980年第22回夏季モスクワ大会の運営経費（西側諸国がボイコットして開催）は推定50億ドルと肥大化を続け、IOCは大会運営経費を削減し、安定

★4　希少性の原理
人が欲している量（需要）に比べ、利用できる量（供給）が少ないとき、その物の価値が高くなる、または高く思える心理的な現象のことをいう。

★5　オリンピック・ムーブメント
近代オリンピックを創設したクーベルタン男爵が唱えたオリンピックの理念「オリンピズム（オリンピック精神）」を推し進める運動のことをいう。

的な収益源の確保をするための財政基盤の強化を図る必要性に迫られた。1984年第23回夏季ロサンゼルス大会において、IOCと大会組織委員会は民間資金による財源確保を目的として、経済原則である希少性の原理★4に基づき、入札制度による放映権の販売とスポンサー企業の選定を行い、結果として約2億1,500万ドルの黒字を計上した。この大会以降、放映権料とスポンサー料が重要な収入源となっている。

　放映権については、最初のテレビ放映が1936年第11回夏季ベルリン大会で実験的に行われ、1956年第16回夏季メルボルン大会でその組織委員会がテレビ放映権料を請求した先例にのっとり、1960年第17回夏季ローマ大会、第8回冬季スコーバレー大会からテレビ放映権が初めての収入となった。放映権料は夏季ローマ大会が120万ドル、冬季スコーバレー大会が5万ドルであった。入札制度による放映権の販売方式の導入によって1984年第23回夏季ロサンゼルス大会は2億8,680万ドル、1988年第15回冬季カルガリー大会は3億2,490万ドルと急増し、2016年第31回夏季リオデジャネイロ大会ではそれから約10倍、同様に2014年第22回冬季ソチ大会は約4倍に伸びており、IOCの最大の収入源となっている（図6-1参照）。さらに、放映権料に依存することなく、オリンピック・ムーブメント★5の収入源を確保するために、オリンピック・プログラム（The Olympic Programs：TOP）と呼ばれる4年を契約期間とした最高位のスポンサーシップを、1988年第24回夏季ソウル大会、同年の第15回冬季カルガリーオリンピックから始動させた（TOP I ［1985～1988年］）。このプログラムはスポンサー企業を一業種一社に絞り、オリンピック・ムーブメントへの投資の見返りに世界規模でオリンピック・ビジネスが行える独占権を与えるもので、夏季ソウル大会ではコカ・コーラ、松下電器産業（パナソニック）をはじめ計9社から約9,500万ドルの収入を得ることができた。このプログラムはその後、オリンピック・パートナー（The Olympic Partners）となり、スポンサー企業との協力体制が強化されて、オリンピックとの新たな緊密な関係づくりに成功している。TOPVIII（2013～2016年）の期間にあたる第31回夏季リオデジャネイロ大会、第22回冬季ソチ大会は、約10億300万ドルでTOP I の約10倍の収入を得ることができ、放映権に次ぐオリンピック・マーケティングの収入となっている。

❷サッカーワールドカップ

　参加国が32か国（当初は13か国）による単一種目の競技大会として、約1か月間かけて予選並びに決勝トーナメント（16試合）が行われるため、期間が長く、試合数も限られており、多種目の放送プログラムを選択できるオリンピックと比べて放映権を高く売るには適さなかった。放映権料を高くすれば総収入を増やすことも可能であるが、放映国の拡大にはならず、視聴者の増加につながらないことへの懸念があり、大会運営費を確保する施策はスポンサー企業からの広告収入

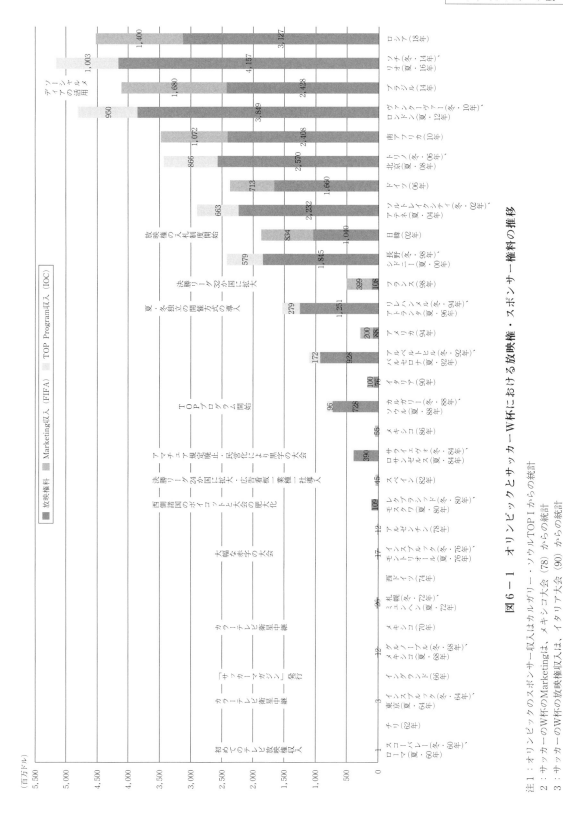

図6-1　オリンピックとサッカーW杯における放映権・スポンサー権料の推移

注1：オリンピックのスポンサー収入はカルガリー・ソウルTOPⅠからの統計
　　2：サッカーのW杯のMarketingは、メキシコ大会（78）からの統計
　　3：サッカーのW杯の放映権収入は、イタリア大会（90）からの統計

が中心となり、1978年第11回アルゼンチン大会において競技場内広告看板の販売を開始した。1982年第12回スペイン大会では出場国を24か国に拡大したため大会運営経費が増加したが、広告看板の枚数を制限し販売を一業種一社に限定する販売方式を導入したことで、約4,500万ドルのマーケティング収入により運営経費増加分をまかなう増収となった(図6－1参照)。また、4年間を1単位としてワールドカップ以外の大会をパッケージ化（4大会広告看板掲出権利の付与）してスポンサー企業を募集するプログラムの基盤が1990年第14回イタリア大会で確立された[29]。さらに、参加国を拡大すると同時に、大陸別選手権（ヨーロッパ選手権など）や年齢制限のある世界大会・大陸別選手権（オリンピックやAFCユース選手権など）を開催することで増加する大会運営経費を補うために、放映権料の入札制度が導入された。1980年代後半には民間商業放送の誕生と衛星テレビ放送とデジタル化による多チャンネル化の進展もあり、放映権は公営テレビ放送局でなく民間商業放送局に決まり[30]、その額は2002年第17回日韓大会が約10億4,000万ドル、2006年第18回ドイツ大会が約16億6,000万ドルとなり、イタリア大会の20倍以上伸びて、放映権料の大幅な増収に成功した。

（3）放送からパートナーが形づくるイベントへ

　スポーツ情報がデジタル化されるに伴い、視聴・観戦スタイルも変化しており、スポーツ・情報メディア・スポンサーの一体化の仕組みも進展している。情報メディアは、スポーツコンテンツの価値を高めるために、いかに報道するのかに焦点を当て、メディアテクノロジーの進化に伴う新たなスポーツ価値を創出する重要な役割を担ってきたが、同時にメディアのスポーツコンテツ価値を高めるために行われるスポンサー企業とIOC、そして大会組織委員会とのパートナーシッププログラムの重要性が増している。

　TOPで成功した事例として、VISAがオリンピック期間の決済独占権（VISAカード支払）により世界シェアを広げたのは有名である[31]。国内企業では、パナソニックがTOP I（1985～1988年）からTOP X（2022～2024年）まで30年以上にわたりオリンピック・パートナーとなっている。現在、TOP IXにおいて「東京2020大会の成功を強力に支援」「『オリンピックレガシー＝未来の暮らし創造』誰もが暮らしやすい社会を実現」に向けたソリューション事業を展開している。パナソニックは最高位のTOPとして、最先端の映像機器を納入し、他のTOPと連携して大会における価値ある情報を高速かつ正確に世界中に送り続け、開閉会式向け映像システムをターンキーソリューション[★6]で提供するなどの成果を上げており、IOCや世界中の各関係組織から企業・製品への高い信頼を獲得している。さらに、オリンピック開催までの4年間にオリンピック・ムーブメントを展開して、IOCや国内大会組織委員会等の許可を得たアクティベーション・イベン

★6　ターンキーソリューション
すぐに利用できる特定用途向けの製品やシステムのことをいう。

トを開催することで国内外にオリンピックの価値（卓越・友情・尊重）を発信している。そして、オリピックの支援活動を通じて参加した国内外の人びとにさまざまな感動と共感を与え、イベントに関わる各関係組織・企業も含めたエンゲージメント[★7]を高めることで、オリンピックと自社のブランド力の向上に結び付けている（図6-2）。

★7　エンゲージメント
企業やブランド、商品、サービスなどに対してユーザーが愛着を持っている状態であり、絆やつながりを意味する。

　TOPIXでは、TOYOTAがモビリティー（移動手段サービスやロボット）、Intelがテクノロジー（第5世代（5G）通信プラットフォーム、仮想現実（VR）など）のカテゴリーで加わり、オリンピックというSOIPを活用して、世界中の人びとがオリンピックの新しい感動体験ができるよう進められている。これまでのオリンピックは情報メディアの放映を中心に形づくられていたが（放映時間帯、選手へのピンマイク装着や柔道カラー道着導入のルール改正など）、これからはパートナー企業の次世代テクノロジーの提供によって形づくられるであろう（振動するインパクトシート、サッカーのVAR判定など）。

　オリンピックとサッカーワールドカップは、国際化と商業化により情報を消費する社会における情報通信メディア産業を発展させて、アナログかつデジタルな遊びのゲームを世界ブランドとして創出するシステム（記号過程）を構築してきた。そして、デジタル・テクノロジーが遍在する社会において、現実ともう一つの現実とを媒介する力のある機関がなくなり（メディアの統合）、体験による身体感覚の内と外が融解する（デジタル体験の拡大）など、デジタル化したコミュニケーションが進化している。スポーツ・情報メディア・スポンサーの一体化の新たな仕組み（スポーツとデジタル・テクノロジーの融合）は、スポーツコンテンツの価値と活用の可能性を引き出すものであり、IoT、ロボット、AIやビックデータを活用したサイバー空間（仮想空間）とフィジカル空間（現実空間）が融合するSociety5.0によるスマートシティ[★8]の実現に向けて、他産業の価値高度化や社会課題の解決につながる新たな財・サービスが創出されるSOIPといえる。

★8　スマートシティ
都市の抱える諸課題に対して、ICT等の新技術を活用しつつ、マネジメント（計画、整備、管理・運営等）が行われ、全体最適化が図られる持続可能な都市または地区のことをいう。

　デジタル・テクノロジーの進展は、スポーツや複雑で多様な社会的課題（性、年齢、国境、多額の公共事業運営費、環境問題など）を解決できる可能性を秘めている。そして、メディアテクノロジーの高度化に伴うデジタルメディアのコミュニケーションにおいて、メディアを通して社会に影響を与えることができるスポーツが持つとされる価値や機能はますます高く評価される傾向にあり、「過小評価」にせよ「過大評価」にせよ、社会科学としての立場から常にスポーツを現実のあり方のなかで眺め直し、実場面に照らして批判や検証をしていくこと[32]が必要である。

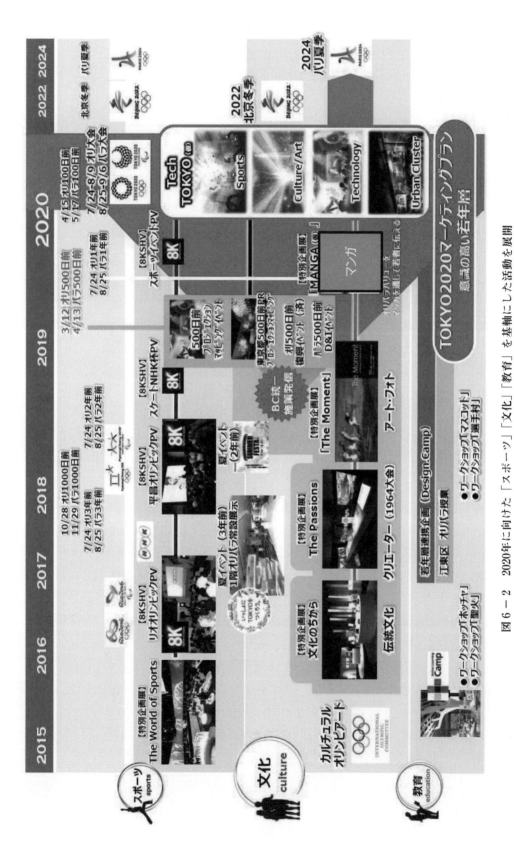

図6−2 2020年に向けた「スポーツ」「文化」「教育」を基軸にした活動を展開

出典：パナソニック株式会社「パナソニック2019特別企画展「SPORT×MANGA」〜漫画が教えてくれるスポーツの魅力〜」2019年6月12日　p.1

【引用文献】

1）戸田山和久『哲学入門』筑摩書房　2014年　p.190
2）守能信次『スポーツルールの論理』大修館書店　2007年　p.30-32
3）S. I. ハヤカワ（大久保忠利訳）『思考と行動における言語　原書第四版』岩波書店　1985年　p.22
4）前掲書1）　p.224
5）前掲書3）　p.23
6）佐藤卓己『メディア社会―現代を読み解く視点―』岩波書店　2006年　p.4
7）D. J. ブーアスティン（星野郁美・後藤和彦訳）『幻影の時代―マスコミが製造する事実―』東京創元社　1964年　p.272
8）前掲書3）　p.30
9）M. マクルーハン（栗林裕・河本伸聖訳）『メディア論―人間の拡張の諸相―』みすず書房　1987年　p.327
10）菅谷明子『メディア・リテラシー―世界の現場から―』岩波書店　2000年　p.8
11）水越伸『メディア・ビオトープ―メディアの生態系をデザインする―』紀伊國屋書店　2005年　p.105
12）前掲書2）　pp.227-228
13）多木浩二『スポーツを考える―身体・資本・ナショナリズム―』筑摩書房　p.118
14）同上書12）　p.186
15）A. トフラー（徳山二郎監修、鈴木健次・桜井元雄他訳）『第三の波』日本放送出版協会　1980年　p.381
16）J. グリック（楡井浩一訳）『インフォーメーション―技術の人類史―』新潮社　2013年　p.13
17）石田英敬「「情報記号論」講義―総括と展望―」『東京大学大学院情報学環紀要情報学研究』No.96　2019年　p.9
18）杉本厚夫「アメリカスポーツの発展とメディア」黒田勇編『メディアスポーツへの招待』ミネルヴァ書房　2012年　p.118
19）高岡詠子『シャノンの情報理論入門』講談社　2012年　pp.21-23
20）村上圭子「これからの"放送"はどこに向かうのか？　Vol.1 ―問い直される"放送の公共性"―」NHK放送文化研究所編『放送研究と調査』NHK出版　第68巻第3号　2018年　p.17
21）スポーツ庁「新たなスポーツビジネス等の創出に向けた市場動向」2018年
http://www.mext.go.jp/sports/b_menu/houdou/30/05/__icsFiles/afieldfile/2018/05/31/1405699.pdf（2019年10月31日閲覧）
22）電通「2018年 日本の広告費」http://www.dentsu.co.jp/knowledge/ad_cost/2018/（2019年10月31日閲覧）
23）スポーツ庁「Sports Open Innovation Platform（SOIP）～スポーツの場から新たな財・サービスが創出される社会の実現～」2018年
http://www.mext.go.jp/sports/b_menu/shingi/025_index/shiryo/__icsFiles/afieldfile/2018/12/20/1411973_3.pdf（2019年10月31日閲覧）
24）吉見俊哉『メディア時代の文化社会学』新曜社　1994年　p.156
25）前掲書2）　p.202
26）A. トムリンソン（阿部生雄・寺島善一・森川貞夫監訳）『スポーツの世界地図』丸善出版　2012年　p.99
27）牛木素吉郎「ワールドカップとメディアの歴史」牛木素吉郎・黒田勇編『ワールドカップのメディア学』大修館書店　2003年　p.26
28）V. シムソン・A. ジェニングズ（広瀬隆訳）『黒い輪―権力・金・クスリ オリンピックの内幕―』光文社　1992年　p.127
29）広瀬一郎『Jリーグのマネジメント―「百年構想」の「制度設計」はいかにして創造されたか―』東洋経済新報社　2004年　p.147
30）同上書29）　pp.151-152
31）M. ペイン（保科京子・本間恵子訳）『オリンピックはなぜ、世界最大のイベントに成長したのか』サンクチュアリ出版　2008年　p.139
32）守能信次『スポーツとルールの社会学―面白さをささえる倫理と論理―』名古屋大学出版会　1984年　p.319

【参考文献】

（海外文献）

・Dretske, I. "*Knowledge and the Flow of information*", Basil Blackwell, 1981. CSLI publications, 1999.

（国内文献）

・石田英敬・吉見俊哉・マイク・フェザーストーン編『デジタルスタディーズ1　メディア哲学』東京大学出版会　2015年

・石田英敬・吉見俊哉・マイク・フェザーストーン編『デジタルスタディーズ2　メディア表象』東京大学出版会　2015年

・D. C. デネット（木島泰三編）『心の進化を解明する―バクテリアからバッハへ―』青土社　2018年

・A. トムリンソン（阿部生雄・寺島善一・森川貞夫監訳）『スポーツの世界地図』丸善出版　2012年

・J. ボイコフ（中島由華訳）『オリンピック秘史―120年の覇権と利権―』早川書房　2018年

・丸山圭三郎『ソシュールを読む』岩波書店　1983年

・A. ミア（田総恵子訳・稲見昌彦解説）『Sport2.0―進化するeスポーツ、変容するオリンピック―』NTT出版　2018年

・水越伸『メディア・ビオトープ―メディアの生態系をデザインする―』紀伊國屋書店　2005年

・「歴代オリンピックでたどる世界の歴史」編集委員会編『歴代オリンピックでたどる世界の歴史1896－2016』山川出版社　2017年

【参考ホームページ】

・FIFA.com　https://www.fifa.com（2019年10月31日閲覧）

・ICSSPE（International Council of Sport Science and Physical Education）https://www.icsspe.org（2019年10月31日閲覧）

・TAFISA（The Association For International Sport for All）http://www.tafisa.org（2019年10月31日閲覧）

・The International Olympic Committee　https://www.olympic.org（2019年10月31日閲覧）

・日本オリンピック委員会　https://www.joc.or.jp（2019年10月31日閲覧）

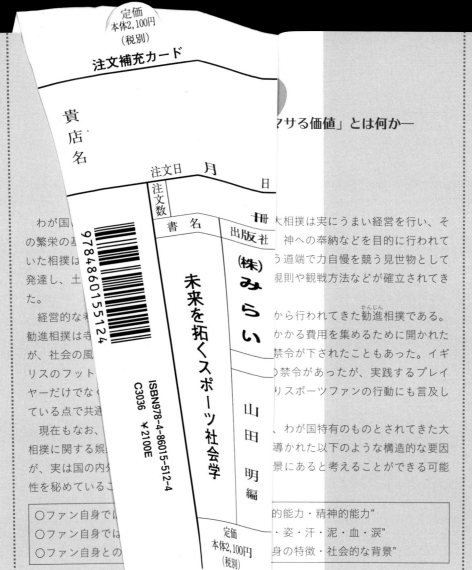

…7サる価値」とは何か―

わが国…
の繁栄の基…
いた相撲は…
発達し、土…
た。

経営的な…
勧進相撲は寺…
が、社会の風…
リスのフット…
ヤーだけでなく…
ている点で共通…

現在もなお、…
相撲に関する娯…
が、実は国の内外…
性を秘めているこ…

大相撲は実にうまい経営を行い、そ…神への奉納などを目的に行われて…う道端で力自慢を競う見世物として…規則や観戦方法などが確立されてき…

…から行われてきた勧進相撲である。…かかる費用を集めるために開かれた…禁令が下されたこともあった。イギ…の禁令があったが、実践するプレイ…りスポーツファンの行動にも言及し…

…わが国特有のものとされてきた大…導かれた以下のような構造的な要因…景にあると考えることができる可能…

○ファン自身で…的能力・精神的能力"
○ファン自身で…・姿・汗・泥・血・涙"
○ファン自身との…身の特徴・社会的な背景"

大相撲は、1年のうち奇数月に本場所が開催されている（1月・5月・9月は東京の両国国技館で、3月は大阪、名古屋では7月、11月は福岡）。そして、NHKによるテレビとラジオによる放送が15日間続けられ、新聞紙上のスポーツ報道欄にも詳しく結果などが報じられる。季節感を出すために、春・夏・秋を場所名として表現することもある。五穀豊穣を願う神事とも共通し、訪日外国人にも人気を博している。さらには地方に出向く巡回興行も"巡業"として多くの観客を集めている。

2000（平成12）年を迎える前後に出版された「講義・スポーツの社会科学」は、シリーズとして『スポーツの社会学』『スポーツの経済学』『スポーツの経営学』『スポーツの政治学』が発刊された（杏林書院より発刊）。編者である池田勝と守能信次は、19世紀を「スポーツの世紀」とし、スポーツの大衆化と国際化の進展によって、"スポーツが政治、経済、社会、文化、さらにはわれわれの生活のあらゆる側面に深く関わるようになった時代"と述べ、21世紀に向けては、"スポーツのダイナミズムを的確に分析し、新しい世紀へ向けてのスポーツの変革を促していく社会科学の視点とその研究

COLUMN

成果の蓄積"の必要性を強調している。

　勝利へのこだわりはスポーツの価値の一つにしか過
様性の包摂"である。これまでの世界的なスポーツイヘ
用されることが多く、他国と比較して多くのメダルや高
い求めてきた。しかしながら、スポーツが文化的な価値を
順位や勝利よりも大切な価値観を見出すことが必要である。
ささえる"といった極めて単純な捉え方ではスポーツ文化のプ
いことを、パラリンピックやラグビーワールドカップ日本大会
昨今の「持続可能な開発目標（SDGs）」の達成へ向けたトレン
ポーツという概念自体があらゆる意味において持続可能な取り組
り、深まり、高まるのである。

　スポーツファンを深く知るためには、スポーツファンだけを分析
"なぜ、スポーツに関心を持てないのか"を知ることが肝要である。歴
現状、さらには未来を見据えてスポーツファンの社会学を探求する姿勢を忘れずに、
まずはスポーツの社会を観察することから始めてみよう。

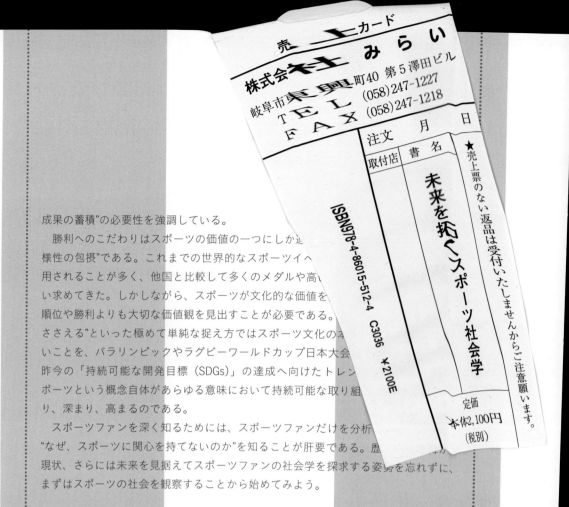

売　上　カード

株式会社みらい

岐阜市東興町40 第5澤田ビル
TEL （058）247-1227
FAX （058）247-1218

注文　月　　日

取付店　書名

未来を拓くスポーツ社会学

ISBN978-4-86015-512-4
C3036　￥2100E

★売上票のない返品は受付いたしませんからご注意願います。

定価
本体2,100円
（税別）

COLUMN

グローバリゼーションの未来を問う
―スポーツと政治―

3

第 **7** 章

スポーツにおけるポスト・グローバリゼーションの未来
―ラグビー王国ニュージーランド代表と先住民マオリの関係性を読み解く―

● 第7章の学びのポイント ●

　本章では、ラグビーのニュージーランド代表オールブラックスを事例に、スポーツにおけるポスト・グローバリゼーションの未来を問うことを目標とする。その際、以下の3点が学びのポイントとなる。
・常勝軍団オールブラックスの戦術・戦略を理解しよう。
・オールブラックスとマオリの狩猟採集文化との関係性を理解しよう。
・事例を通して、スポーツにおけるグローバルとローカルとの共存を考察しよう。

1　世界最強のオールブラックス

★1　オールブラック
ス
オールブラックスの名前の由来についての定説はない。例えば、1905年のイギリス遠征の際に試合の様子を報道した新聞記者が、すべての選手がバックスのように走るという表現の「オール・バックス／All Backs」を、誤って「オールブラックス／All Blacks」としたという説、当時のラグビー界ではチームの名称をユニフォームの色で呼ぶことが多かったので、黒のジャージのニュージーランドチームがオールブラックスと呼ばれたとする説などがある。

　ラグビーのニュージーランド代表（オールブラックス★1）は、インターナショナルなラグビー界で際立った存在である。ラグビー王国ニュージーランドにおけるラグビーは単なるスポーツではなく、伝統および文化そのものである。栄えあるオールブラックスに選出された選手から発せられる言葉は、共通して「家族」「貢献」「勝利」である。勝利に導く戦術・戦略は、先住民マオリの狩猟文化が影響していると考えられる。

　本章では、ローカルな民族性（試合前の戦いの舞踏である「ハカ★2」など）を前面に出しながら、絶対王者としてのグローバルな存在であり続けるオールブラックスを題材に、スポーツにおけるポスト・グローバリゼーションの未来を考える。

1．ラグビー王国ニュージーランド

（1）オールブラックスの戦績

　オールブラックスは、ワールドカップ（男子）での優勝3回をはじめ、ザ・ラグビーチャンピオンシップ★3、ワールドカップ（女子）、ワールドカップセブンズ（男・女）、U20選手権（ジュニア世界選手権）など、すべての国際公式大会

で史上最多の優勝歴を有しており[4]、男子15人制の代表チームであるオールブラックスは2019年1月現在、テストマッチ（国対抗国際試合）においてすべての対戦相手国に勝ち越している世界唯一のチームである（表7－1）。その勝率は80％を超えており、ワールドラグビーのランキングでは2009年11月から世界ランク1位を保持[5]、2019年の第9回ワールドカップ日本大会では第3位で終わったものの、世界で最も成功しているスポーツチームといえる。

（2）ニュージーランド・ラグビーと先住民マオリ

　ニュージーランドにおいて、ラグビーは国技である。その背景には、マオリ文化の特徴である「家族」を最も大切に考える価値観、家族の生活を脅かす侵略者に対する戦い、生活の糧を得る狩猟に関する精神的基盤があり、オールブラック

表7－1　オールブラックスの全試合対戦相手国別勝敗

	対戦国	試合数	勝	敗	分
1	アルゼンチン	28	27	0	1
2	オーストラリア	164	114	43	7
3	B. I. ライオンズ	41	30	7	4
4	カナダ	5	5	0	0
5	イングランド	41	33	7	1
6	フィジー	5	5	0	0
7	フランス	61	48	12	1
8	ジョージア	1	1	0	0
9	アイルランド	31	28	2	1
10	イタリア	14	14	0	0
11	日本	4	4	0	0
12	ナミビア	1	1	0	0
13	P. アイランズ	1	1	0	0
14	ポルトガル	1	1	0	0
15	ルーマニア	2	2	0	0
16	サモア	7	7	0	0
17	スコットランド	31	29	0	2
18	南アフリカ	97	58	36	3
19	トンガ	5	5	0	0
20	米国	3	3	0	0
21	ウエールズ	34	31	3	0
22	ワールドＸⅤ	3	2	1	0
	合　計	580	449	111	20

出典：2019 Rugby Almanack（A Mower Book NZ）／ 2019年1月1日現在

★2　ハカ
先住民族マオリの戦士が、戦いの前に手を叩き、足を踏み鳴らして相手を威嚇する舞踏（ダンス）。現在では、オールブラックスがテストマッチ（国際試合）の前に舞う民族舞踊として有名。ニュージーランドには、高校から代表レベルまでオリジナルのハカを持つチームが多い。オールブラックスのハカとしては、カマテ、カパオパンゴが有名。

★3　ザ・ラグビーチャンピオンシップ
ニュージーランド、南アフリカ、オーストラリア、アルゼンチンの南半球4か国による大会（旧：トライネーションズ）。

★4
2019年8月現在、ザ・ラグビーチャンピオンシップ優勝16回（24回中）、女子ワールドカップ優勝5回（8回中）、男子ワールドカップセブンズ優勝3回（7回中）、女子ワールドカップセブンズ優勝2回（3回中）、U20選手権（ジュニア世界選手権）優勝6回（12回中）。

★5
2019年9月6日付けで、アイルランドが世界ランキング1位となった。

スの戦術・戦略に影響している。

『100 MAORI SPORTS HEROES（筆者訳：マオリ出身のスポーツヒーロー100選）』という書籍には、マオリの血を受け継ぎ、スポーツの世界で活躍した100名が選ばれている。そのうち40名がラグビー選手である。オールブラックスとして活躍した選手には、伝説の名選手と評されるネピア（G. Nepia）、国民的英雄と言われたブルック（Z. Brooke）、主将を務めたランデル（T. Randell）、2011年ワールドカップ優勝メンバーとなったウィップ（P. Weapu）等のメンバーが歴史に名を残している。

また、オールブラックスとは別に、マオリ・オールブラックスという国代表のチームがある。実力は世界のベスト４に相当するといわれる強豪である。この選手資格はニュージーランド協会が行うが、その条件はマオリの血を引くことである。チームの「カウマトゥア」（文化顧問）がプレーヤーの家系（ワカパパ）を追跡調査し、マオリの血統の継承を確かめて選手資格の認定をする。マオリ・オールブラックスは、その存在そのものに社会的意味があるものとされており、ラグビーというニュージーランドにとって重要なアイデンティティであるスポーツ文化の継承に大きな貢献をしている。

２．ニュージーランド・ラグビー小史

筆者は本章を執筆するにあたりニュージーランドを訪問（2019年３月）し、現地のラグビー関係者に取材を求めた。その際、世界ラグビーの聖地としても知られるイーデン・パークに事務所があるオークランド・ラグビーユニオン★6のシャンタル（B. Chantal）女史★7にニュージーランド・ラグビーの歴史について話を聞くことができた。以下は、シャンタル女史からの聞き書きである。

ニュージーランド・ラグビーは19世紀後半、モンロー（C. Monro）という若者によって持ち込まれたことに始まる。彼は、ロンドンのパブリック・スクールへの留学から帰国したのち、故郷のネルソン（ニュージーランド南島北部の町）で友人を集め国内初のラグビーの試合を行った。その当時、マオリのスポーツにラグビーに似た「キ・オ・ラ・ヒ」というボール・スポーツが存在しており、ラグビーが根付く一因となった。

1872年にはマオリとして最初の選手であるウィリハナ（Wealihana）が公式戦でプレイし、1880年代には白人とマオリが一緒にプレイすることが一般化した。1888年に伝説のオールブラックス（ネイティブズ★8）が１年２か月にわたるイギリス遠

シャンタル女史

★6　オークランド・ラグビーユニオン
オークランドラグビー協会。ニュージーランドラグビーの聖地、オークランドのイーデンパークに事務所を持つ。ジュニア、学生、社会人、プロまでのラグビーを総合的にマネジメントする団体である。

★7
シャンタル女史はラグビー研究者であり、現役のラグビー選手でもある。
主要論文は以下の通り。
Chantal Baker, 2015, "Conceptualizing consumption behavior of rugby fans in NZ," Unitech Institute of Technology.

★8　ネイティブズ
ネイティブズは、マオリ中心のメンバー構成であったが、イギリス系白人も加わり、ニュージーランド代表として団結し遠征を行った。

征を行い、107試合中78勝という驚異的な成績を残している。そのチームは 5 名の白人選手と21名のマオリ選手というマオリ中心の編成であった。オールブラックスが試合の前にパフォーマンスするハカは、この遠征で初めて披露された[9]。

　草創期は、マオリが重要な役割を果たしており、1892年のニュージーランド・ラグビー協会の初代役員にマオリ出身者が就任している。初めてのマオリ主将は、1893年のオーストラリア遠征時のエリソン（T. Ellison）であった。1910年にはマオリ・オールブラックスが組織されている。その後、白人とマオリの共存するラグビーが国技として発展し、オールブラックスは世界のラグビー王国の象徴とされるようになった[10]。1924〜25年にブリテン諸国・フランス・カナダに遠征したチームは、32戦全勝という結果を残し「インヴィンシブル（無敵艦隊）」と称され、世界のラグビー史上にその名を留めている。

　1980年代以降、世界の各種スポーツがプロ化されるようになった。ラグビー界も1995年に、国際ラグビーボード（IRB）[11]がラグビー競技のプロ化を容認した。オールブラックスにおいても世界戦略の必要に迫られ、AIG、アディダス等の世界的企業とのスポンサー契約、伝統の定期ヨーロッパ遠征での強化だけでなく、アメリカや日本などに遠征し、ビジネスとしてのブランド戦略、スポーツファンの獲得というグローバル戦略を展開している。オールブラックスのファンはオンライン・サポーター・クラブで450万人といわれ、会員の80％以上はニュージーランド以外のサポーターであるという。

3. オールブラックスの文化および哲学

　世界最強のラグビー王国の象徴であるオールブラックスの強さはどこにあるのか。今回のニュージーランド訪問中に、スポーツ社会学が専門のユニテック工科大学のエマーソン（S. Emerson）教授[12]にその理由を聞くことができた。エマーソン教授の指摘は、次のような内容であった。

　オールブラックスの強さの要因に関して一般的に説明されているのは、強化システムが充実していることである。例えば、才能のある選手を発掘し育てるための「Talent Identification Programme」や選手育成の要である優秀なコーチを養成する「Growing Coaches Programme」などである。10代から大学生に至る各世代別の強化システムも機能している。つまり、ラグビーをする環境が整っているということである。

　一方で、勝ち続けるための重要な準備として、メンタルトレーニングの存在が

エマーソン教授と筆者

★9
有名なハカ「カ・マテ（Ka Mate）」 は、1905〜06年のイギリス遠征で初めて登場した。

★10
1905年にイギリスとフランスに遠征したニュージーランド代表は、オリジナルズ（Originals）と言われ、35試合中34勝と圧倒的な強さを誇り、うち23試合は無得点に抑えての勝利であった。

★11　国際ラグビーボード（IRB）
国際ラグビーボード（IRB）は、2014年にワールドラグビー（World Rugby）に組織名称を変更した。その要因の一つとして、「ラグビーを管理する機関」から、「ラグビーを活気あるものにしていく機関」にしていくという組織改革を反映していることがあげられる。

★12
ユニテック工科大学のスポーツ社会学の研究者であるが、ニュージーランド・オリンピック委員会の理事もしており、ラグビー振興へも多大な貢献をしている。

ある。そこにマオリの伝統や文化が生かされている。エノカ（G. Enoka）は、マオリ出身のオールブラックス専属メンタルトレーニングコーチであり、マオリの精神文化を中心とした徹底したニュージーランドの文化的アイデンティティを選手に伝えている。勝利のためにはメンタルとしての集中力が不可欠であり、この集中力の涵養に先住民マオリの精神性が生かされている[13]。マオリ・カルチャーを一言で説明すると、家族や部族におけるつながりや一体感を最も重要に考えること、家族や部族の幸福のために協力して最善を尽くすということである。オールブラックスは、マオリの狩猟民族としての歴史と伝統と文化をラグビーというスポーツにつなげている。ニュージーランド・ラグビーがブラッドスポーツ（血族のスポーツ：Blood Sports）であり、ビクトリースポーツ（勝つためのスポーツ）といわれる所以である。ハカのパフォーマンスは、オールブラックスにおいて重要なメンタルトレーニングでもある。

★13
勝利のために必要な準備（The style of NZ Rugby for Winning）として、身体能力（Physicality）、プレイの速さ（Speed）、卓越した技術（Skills）が必要であるが、メンタルとしての集中力（Power Intensity）が重要であり、オールブラックスの選手は、特に集中力が他国より秀でている。

2 スポーツにおけるグローバリゼーションと ポスト・グローバリゼーション

1．グローバリゼーション研究

　グローバリゼーションは、地域の諸社会がグローバル（地球規模的）に一体化する状況をいうが、そこに民族としてのローカリティ（地域性）をどのように位置付けることができるのだろうか。ポスト・グローバリゼーションとは、ローカルを肯定的に再認識しグローバルな視点で再吟味していくプロセスである。これからの時代は、多様性の世界観がますます主流となるであろう。ローカルなフィールドにおいて、例えば政治、経済、文化、スポーツ等を対象に向き合っていくことで、グローバルの普遍的基盤を揺さぶり、世界の成り立ち自体の多様性を解明していくことが望まれる。

　グローバリゼーション研究は、そもそも多くの学問領域（文化人類学、経済学、社会学、政治学等）が協働する学際的分野である。本章では、民族や文化人類学の視点から、スポーツとグローバリゼーションの関係性を検討する。文化人類学はもともとローカルを志向する学問であり、グローバルとは逆の方向性を持つ。しかし、現代社会の大きな変化を背景に、文化人類学における新たな検討分野としてグローバルという概念が登場してきたのである。

2．グローバルとローカルの関係性

　現在は見通しが困難な時代かつ不確実性の時代である。ローカルとグローバル

の概念が何一つ自明でないことを前提とし、その関係性を問い直すとすれば、鍵概念は「つながり」ではないだろうか。アメリカ発のグローバル社会そのものが、地球上にある数多くのローカルなものの一つであり、西洋近代化のローカリゼーションに過ぎないという見方もある。これからの時代は、多様性の時代という世界観が一般化すると考えられる。グローバリゼーションは、ナショナリズムの感情の激化や文化的アイデンティティの高まりを招くこともある。過度の自国中心主義や愛国心の高まりが引き起こす国際的な紛争などのグローバリゼーションの弊害を、国家に代わって鎮めることができるのは、民族、地域、宗教であり、これらは国家より個人の生活に近い存在である。ローカルな愛国心（ナショナル・アイデンティティ）が文化として成り立つためには、民族、地域、宗教の基盤が構築されており、グローバリゼーションのなかで貢献していることである。ローカルな文化がグローバルに認められたとき、多様性の世界へとつながり、グローバリゼーションとしての地位を得ることになるだろう。

3．スポーツにおけるグローバリゼーション

　現代スポーツは、市場開放と成長戦略なくして成り立たない状況である。いわゆるスポーツのグローバル化であり、世界を画一化していく過程でもある。しかし、世界は同時に多様性の時代でもある。そこに画一的なスポーツのグローバル化に対するニーズも存在する。例えば、スポーツの普及、競技スキルの向上、スポーツビジネスによる経済的効果などである。しかし、その反面、スポーツにローカルな思想が求められる時代でもある。グローバルとローカルのバランスが必要になってきた時代に、スポーツにおけるローカルの意味を問い直し、文化、伝統、アイデンティティに視点を移してみることに意義がある。特にスポーツが文化である以上、伝統や民族を基盤に持つローカル、多様性[14]は重要な視点である。

　文化としてのスポーツについて、スポーツの価値、スポーツ文化のグローバル性とローカル性を再検討し、グローバルなスポーツ文化の拡大のなかで、ローカルなスポーツ文化の良さを思い出すことの重要性を共有することが必要である。スポーツにおける世界標準として、文化の単一化および画一化、成果主義（ナショナリズム）という、ただ強ければいいというものではなく、そこには文化が存在することを共有すべきである。本章で事例として取り上げているラグビー王国の象徴であるオールブラックスがローカルな存在を堅持し、文化の多様性という世界の潮流とは反する形でグローバルに展開しているという事実をヒントにしたい。グローバル社会におけるローカルな存在の認知とローカルなスポーツ文化がグローバルスポーツに影響を与えることで、スポーツの未来に期待ができる。多様性なくして、スポーツ文化は存在しえない。ローカルな多様性は、グローバルの

★14
スポーツの多様性とは、競技力、エンターテインメント、健康、レクリエーション等である。

なかでこそ成立しなければならない。スポーツにおける両者は共存すべきものであり、ポスト・グローバリゼーションのあり方として期待される。

■ 3 文化人類学にみる狩猟採集社会

1．文化人類学の視点でみる狩猟採集社会

　文化人類学者のインゴールド（T. Ingold）は、狩猟採集民はただ単に食べるためだけに狩猟や採集を行っているのではなく、平等主義的な社会関係の秩序を維持するためにも行っていると述べている。また、文化人類学者のサーリンズ（M. Sahlins）は、狩猟採集生活における経済的豊かさと効率性について考究し、狩猟採集社会の方が農耕社会より食料獲得に費やす時間がはるかに短く、余暇ははるかに長いことを指摘しており、短い時間に集中して効率的に獲物を捕らえる準備を常に怠らなかったと述べている。部族集団の男子で腕の立つ複数のハンターと多数のサポーターが集団で獲物を追い詰め、得た獲物は平等に分配される。また、文化人類学者のリー（R. Lee）は、民族の一般的な基本社会単位は15〜50人であり、親族（血縁）関係の部族（Band）として結束していたとしている。その構成単位（人）の関係性は、平等主義、移動、共有的財産制度を特徴としているとも述べている。

2．ニュージーランドの先住民マオリ

　2013年のニュージーランドの国勢調査（総人口：424万2,048人）における質問事項「あなたは何人ですか」に対する回答は、ヨーロッパ系74％、マオリ14.9％、パシフィック（太平洋諸島）7.4％、アジア11.8％等であるが、約7人に1人はマオリとの血縁関係にあるといわれる。

　そもそもマオリとは、ニュージーランドの原住民であり、形質的にも文化的にもポリネシア系に属する。初期の移住は9世紀以前に行われたと考えられ、1350年ごろに再びタヒチ方面より大移住があり、それとともにマオリ文化の開花をみた。伝統的社会組織の最大単位ワカ（部族連盟）は、伝承の上では14世紀に大船団を組んで来島した際に船を同じくした者の子孫により形成されたといわれている。社会的に機能する最大単位は、先祖を共有するイウ（部族）であるが、土地を共有するなど日常生活に最も重要なのは、その下位集団のハプウ（氏族）であった。

　マオリは14世紀半ばまでは主として採集狩猟を営んでいた。その後、砦を中心

に村落を形成し、サツマイモ、ヤムイモ、タロイモ、ヒョウタンなどの掘棒耕作や森林での植物採集などを生業とした。マオリの彫刻技術は有名で、村の集会所は多くの神像や螺旋模様で飾られている。最高神イオ、森林神タネ、海神タンガロアなどを信仰している。マオリは伝統文化を尊重するとともに、近代文化に巧みに適応した生活を送っている。

■ 4　オールブラックスとマオリの狩猟採集文化との関係性

１．マオリの生業の歴史と精神文化

　ニュージーランド訪問中、マオリ研究の第一人者といわれているユニテック工科大学のパニオラ（H. Paniora）教授に、マオリの歴史とその精神文化についてレクチャーを受けた。

（1）生業の歴史

　マオリは1350年ごろ、ポリネシアの水先案内人（Polynesian navigator）によりニュージーランドに到達し、約500以上の小部族に分かれ狩猟採集生活をしていた。狩猟対象は鳥類（林での狩り）や魚（海での狩り）であった。鳥類に関しては空を高く飛ぶ鳥のほか、大きく太って飛べなくなった、または飛ばない巨大な鳥もあり、集団で追い詰める狩りの手法がとられていた。魚はサメなどの狂暴な種類を対象とする場合が多く、これも集団での捕獲が必要不可欠であった。狩猟の際、無用かつ無理な闘いはせず、リーダーを中心に集団でサポートし合いながら役割分担をして対象を仕留めていた。ニュージーランドのオークランドにある博物館[★15]には、トンガ（Tonga）と呼ばれる弓矢、空を高く飛ぶ鳥を捕獲するためのファナーカイアイ（Fana-kaiai）と呼ばれる弓[★16]、陸上の大きな動物の狩りや海での巨大なサメなどを捕獲するための長槍[★17]など、当時の狩りの様子がわかる道具が展示されている。

（2）マオリの精神文化

　パニオラ教授によると、マオリの格言に次のようなものがある。「カワウ（Kawau）の先頭がつくる隊列から離れるな」というものである。カワウと呼ばれる鳥の集団は、リーダーを中心に進む方向をコントロールし、ほかの鳥はすべて同じ方向に隊列をなして移動する。つまり、

パニオラ教授

★15
オークランド・ミュージアム（Auckland Museum、通称AM）はニュージーランド最大の博物館であり、マオリ文化の展示ではニュージーランドで最も充実している。

★16
マオリの族長や小部族長によりゲーム（練習）や狩猟の現場で使用された。

★17
サメの捕獲用として使用された約4.5〜5 mの長槍であり（Long spears）、林に生息するケレル（kereru）、ツイ（tui）、カタ（kata）と呼ばれる鳥類などを獲得するためにも使用された。

集団が安全に生活するためには、身勝手な考えや行動は許されないというマオリの伝統的な考え方を表している。

　また、「ファーナウ」という言葉は、マオリの狩猟に関する言葉である。狩猟は、陸上であっても海にあっても命がけの生業であり、家族や部族の生命に関わる重要な活動である。集団で力を合わせ、「身勝手なやつはいらない」「先頭（リーダー）に従え」ということが鉄則となる。狩猟のグループにはそれぞれに役割分担があり、狩猟に参加した人は任された責任を果たすことで、獲物を獲得するという成果を共有することになる。いわゆる狩猟における勝利である。

　「ファカパパ」という言葉もマオリに大切に伝えられている精神文化である。「良き先祖になる」という意味であり、部族を永遠に繁栄させ継続させるために、マオリは後世のために何を残せるかを常に考えるという意味でもある。成功や繁栄を継続させるための現在を大切にするということである。

　本章（第1節　3．オールブラックスの文化および哲学）で述べたマオリ出身のオールブラックス専属メンタルトレーニングコーチであるエノカは、この「ファーナウ」「ファカパパ」という言葉をメンバーに徹底して伝えている。パニオラ教授によると、ラグビーという15名の集団で陣地を取り合い、トライでゴールを目指すというゲームは、まさにマオリの狩猟の生業と重なるものがあるという。

2．オールブラックスの戦術および戦略の特徴—マオリの文化的影響—

　常勝軍団オールブラックスの戦術・戦略の背景に、マオリの精神的家族観があり、家族や部族の幸福に対する貢献への思いがある。シルバーファン（銀シダ）のエンブレムが付いたブラックジャージを身にまとった最初のチームから130年たっても、絶え間なく流れるような一体的なゲーム・スタイルは、現在のオールブラックスにも引き継がれている。

　オールブラックスの攻撃を表現する言葉に「1枚の黒い毛布（One black blanket）」がある。上空から見ると、オールブラックスの選手の集団が一枚の黒い毛布のように一体となって"ひらひら"滑らかにゴールに攻め込んでいるように見えることからそう表現されている。いわゆるサポート・プレイが徹底されており、すべての選手がポジションにかかわりなく全力で味方のサポートに徹しているのである。また、合理的な戦術・戦略を選択し無理はせず、戦うオプションも多く持っている。そして、各選手はパス、ラン、キックなど、そのスキルについてシンプルさを究めている。

　オールブラックスの試合において特徴的な戦い方を紹介しよう。後半20分（試合時間は前後半40分）までに負けていても、慌てずに大差をつけられない点差で

ゲームを維持する。常に挽回できる範囲の差にしておき、残り時間10分で相手チームの足が止まったところを見て勝負に出る。勝負所とみれば、15名による一体的な波状攻撃で一気に逆転して勝利するパターンである。また、別の戦術および戦略もある。残り時間10分の時点で試合を優位に進めている場合、王者の力を示すべくダメを押す。終わってみれば大差での勝利となっている場合である。ノーサイドの笛が鳴り試合が終了するまで一切攻撃の姿勢を緩めない。さらに、残り１〜２分やロスタイムでの逆転勝利も多い。なお、オールブラックスほどのチームであっても、ピンチやチャンス時には意思統一のために円陣を組むことが多い。オールブラックスの用語に「クイック」（スイッチを入れる）という言葉がある。ディフェンス時や攻撃時の勝負所でかける言葉であり、力をため仕留めるための合言葉である。

　オールブラックスの戦術・戦略は、マオリの精神性をメンタルの拠り所としているとされる。1967年のオールブラックスはラグビー史上ベストチームの一つとされ、このチームには精神的バックボーンとして、その戦略と重なるマオリの古老の話が影響を持っていたとされている。その話は以下の通りである。マオリのある部族長が多くの若者を狩猟の旅に出した。その際、部族長は若者たちを15人程度のいくつかのグループに分け、お互いに競わせようとした。それぞれのグループはリーダーを中心に工夫を凝らして狩猟を成功させた。その後、この狩りに参加した若者たちは自立し、各自の能力を開花させ、優れた狩猟技術を身に付けたという。この伝説は狩猟という集団の目標を達成（ラグビーにおいては勝利）するためには、個の力は当然であるが、リーダーを中心とした一体化したつながりのある集団の力が、狩猟の成功という勝利の決定的要因になることを示している。マオリにおける狩猟という生業がオールブラックスのゲームプランになっているのである。この逸話は、ニュージーランドのラグビー界で、今でも語り継がれているという。

3．ローカルを基盤としたグローバルな存在"オールブラックス"

　スポーツのグローバリゼーションに関して競技スポーツを例にとれば、プロ化が容認されている現在、経済的に富める国は世界的な優秀選手を獲得[18]すれば世界レベルの大会でも勝利することが可能となる時代となった。いわゆる外国人部隊である。そこには勝利至上主義の弊害が前面に出てくることも懸念される。しかしオールブラックスは、ローカルな文化的アイデンティティを堅持し、厳格な出場資格を設定、イギリス人系白人、ポリネシアンという同族のアイランダー（島民）のみで編成する世界最強のラグビーチームである。

　このオールブラックスの強さの基盤には、マオリ文化がもたらしている狩猟採

★18
ラグビーで国の代表となれる選手資格は次の３条件である。①当該国での出生、②両親と祖父母のうち１名が当該国で出生、③36か月以上の当該国での居住。これらの３条件のいずれかを満たせば、どの国からでも代表選手になることができる。ラグビーは、海外の選手の獲得が容易なスポーツである。

集社会というレガシー（遺産）が寄与しており、戦術・戦略は狩猟そのものである。短い時間に集中して効率的に獲物をハントする準備を常に怠らないということが無意識のうちにチームの共通認識となっている。マオリの文化というローカル性がラグビーというワールドカップも開催されるグローバルなスポーツに生かされている。いわばポスト・グローバリゼーションのモデルとしてスポーツの未来のあり方に示唆を与えている。多様性が進展している現代において、スポーツの世界でも型にはまらない自由な種目が誕生することが予想されており、ローカルなスポーツが注目され、グローバルに普及する可能性も大いにある。スポーツにおけるローカル性を基盤としたグローバルな存在として、オールブラックスは貴重なのである。

【謝辞】
本章を執筆するにあたり、ニュージーランドのラグビー関係者である、オークランド・ラグビーユニオンのシャンタル女史、ユニテック工科大学のスポーツ社会学が専門のエマーソン教授、マオリ研究のパニオラ教授から、貴重な情報を得ることができました。ここに御礼と感謝を申し上げます。

【参考文献】
（海外文献）
・Alex McKay, 2017, "*The Team That Changed Rugby Forever 〜The 1967 All Blacks〜*," New Holland Publishers.
・Clive Akers & Geoff Miller & Adrian Hill, 2019, "*2019 Rugby Almanack*," Upstart Press.
・David Gaimster, 2018, "*SCALA Director's Choice*," Auckland Museum, Scala arts and Heritage publishers Ltd.
・Don Stafford, 2008, "*Introducing Maori culture*," Raupo Publishing（NZ）Ltd.
・James Kerr, 2013, "*LEGACY 15LESSONS IN LEADERSHIP*," Little, Brown Book Group.
・Johan Bonnevie, 2004, "*Glimpses of the Moriori World*," Viking Sevenseas NZ Ltd.
・John McKittrick and Tony Williams, 2015, "*Rugby skills, Tactics and Rules 4th edition*," David Bateman Ltd.
・Joseph Romanos, 2012, "*100 MAORI SPORTS HEROES（MAORI SPORTS AWARDS）*," Trio Books Limited.
・Murdoch Riley, 2010, "*Maori Sayings and Proverbs*," Viking Sevenseas NZ Lt.
・Peter Bills, 2018, "*The Jersey 〜The Secrets Behind The World's Most Successful Team〜*," Macmillan.
・Te Ara Encyclopedia of New Zealand, 2010, "*Te Taiao Maori and the Natural World*," Davit Bateman Ltd.
（国内文献）
・大江正昭・田中雄次編『グローカリズムの射程』成文堂　2005年
・桑山敬己・綾部真雄編『詳論 文化人類学』ミネルヴァ書房　2018年
・西田勝『グローカル的思考』法政大学出版局　2011年
・平川克美『グローバリズムという病』東洋経済新報社　2014年
・深山直子・丸山淳子・木村真希子編『先住民からみる現代世界―わたしたちの〈あたりまえ〉に挑む―』昭和堂　2018年
・福田アジオ編『知って役立つ民俗学―現代社会への40の扉―』ミネルヴァ書房　2015年
・吉澤保幸『グローバル化の終わり、ローカルからのはじまり―新しく懐かしい未来へ！「志金」を活かした日本再生シナリオ―』経済界　2012年

第**8**章

オリンピックとナショナリズム

● 第8章の学びのポイント ●

　本章では、「ナショナリズム」という視点からオリンピックについて考えていく。特に、以下の３点が学びのポイントとなる。
・なぜオリンピックという世界最高峰のスポーツの祭典で、ナショナリズムについて問わなければならないのかを考えてみよう。
・クーベルタンが残したオリンピックの理念を理解しよう。
・ナショナリズムをふまえたこれからのオリンピックのあり方について考えてみよう。

1 オリンピックにおけるナショナリズムの現状と課題

1．ナショナリズムの現状

　オリンピックでは、国家の持つ特性を過剰にアピールする姿が度々確認される。例えば、2012（平成24）年のロンドン大会では男子サッカー３位決定戦の試合後に、韓国代表選手が「独島はわが領土」と書かれたプラカードを掲げ、大きな波紋を呼んだ。有元健が「これまで一部の専門家や活動家をのぞけば、それほど注目されていたわけでもないこの日韓の領土問題が、スポーツを通じて一気に国民的関心事へと変貌した」[1]と指摘するように、この韓国代表選手の行動は、日本と韓国の政治的緊張関係を煽る危険な出来事であった。

　また、2014（平成26）年３月に行われた国内のJリーグの試合において、クラブの一部のサポーターが「日の丸」と「JAPANESE ONLY」と書かれた横断幕を掲出し、人種・民族差別を想起させる問題が起こった。この問題に対しては、サポーターだけではなくクラブ側も責任を問われ、無観客試合の処分が下された。日本の政府は「甚だ残念で遺憾」[2]とコメントし、日本だけではなく海外のさまざまなメディアでも大きく取り上げられた。これまでオリンピックなどの国際大会で問題視されてきた国家に関わる人種差別問題は、比較的、認識の薄かった

表8−1 「国家」「戦争」「人種」などの様相が反映された代表的な大会（夏季のみ）

開催年・開催都市	主な出来事
1908年　ロンドン	開会式の入場行進が国別に
1912年　ストックホルム	日本がオリンピック初参加
1916年　ベルリン	第一次世界大戦の影響により中止
1936年　ベルリン	ナチス政権の座に就いたヒトラーが大会を主導
1940年　東京・ヘルシンキ	第二次世界大戦により中止
1944年　ロンドン	第二次世界大戦の激化により中止
1948年　ロンドン	戦争を引き起こしたドイツと日本は招待されず
1952年　ヘルシンキ	ソ連・中国が初参加、台湾はボイコット
1956年　メルボルン	東西ドイツが統一選手団で参加
1972年　ミュンヘン	人種差別を続ける南アフリカを帰国させる
1976年　モントリオール	国際問題・人種問題でボイコットが続く
1980年　モスクワ	西側諸国（アメリカ・日本など）がボイコット
1984年　ロサンゼルス	東欧諸国（ソ連など）がボイコット
1992年　バルセロナ	ソ連崩壊後の独立国家共同体が今回限りの参加

出典：「歴代オリンピックでたどる世界の歴史」編集委員会編『歴代オリンピックでたどる世界の歴史 1896-2016』山川出版社　2017年　を参考に作成

日本のスポーツ界においても身近な問題として表出されるようになったのである。
　こうした2つの事例に見られる共通点として、スポーツは国家主義的な様相、つまり「ナショナリズム」と密接な関係を有していることがわかる。特にオリンピックは、「平和」を理念とする大会であるにもかかわらず、国家間の戦争が引き金となったボイコットや人種差別など、常にナショナリズムを意識せざるを得ない状況が続いている（表8−1）。
　では、そもそもナショナリズムとは何か、この難解な言葉を定義することから始めてみたい。

2. ナショナリズムとは何か

　ナショナリズムを定義することは難しい。一般的にナショナリズムとは、「あるネーション（nation：民族、国家）が他のネーションに対して、自らの一体性や自立性あるいは優越性を主張・誇示する感情・思想・イデオロギー・運動の総称」[3]であり、社会学や政治学、そしてスポーツ社会学の分野においても研究対象として長く議論されているものである。なかでも、民族主義や国民主義、国家主義といった多義的な概念として語られることが多い。そのため、アンダーソン（B. Anderson）が「ナショナリズムが現代世界に及ぼしてきた広範な影響力

とはまさに対照的に、ナショナリズムについての妥当な理論となると見事なほどに貧困である」[4]と指摘するように、ナショナリズムの現象について深く議論し、一連の結論に至るまでの必要かつ十分な議論は著しく困難な一途を辿っているのである。したがって、オリンピックとナショナリズムについて有益な議論を展開するためには、まずこの章におけるナショナリズムの定義を規定し、整理する必要がある。

　これまでナショナリズムの定義については、国内外の研究者らによる諸概念に基づいて議論されてきた。上述のアンダーソンによるネーションを想像においてのみ実在すると考えた「想像の共同体」論は、古典的なナショナリズムの定義として今もなお継承されている。家族のような共同体と違って、もともと実在していないネーションを共同体として想像するのがナショナリズムである、という考え方である。また、アンダーソンの定義をもとに、サッカーの場面を例にして説いたホブズボーム（E. J. Hobsbawm）は、「何百人もの人々にとっての想像の共同体は、実在の11人のチームによって、いっそうリアルに感じられるのである。たとえ声援を送るだけの人であろうと、一人一人が自分のネイション自体の象徴となるのである」[5]と述べる。つまり、私たちにはオリンピックなどの国際的スポーツイベントで自国選手に声援を送るとき、自分のネーションの象徴としてその姿に愛着を感じ、自分のネーションを優先する感覚が自然と身に付いているということである。

　そこで本章では、オリンピックとナショナリズムについての議論を進める際、ナショナリズムとは「あるネーションが他のネーションに対して、自らの一体性や優越性を主張・誇示しようとする運動」と定義する。そして次項では、なぜオリンピックという世界最高峰のスポーツの祭典においてナショナリズムを問わなければならないのか、この問いに対して議論を続けるとする。

3．ナショナリズムを問う必要性

　オリンピックの開会式・閉会式では、開催国の文化を象徴する演出があり、多文化を学ぶ良い機会にもつながっている。しかしその一方で、開催国による政治的関与が問題視されることもある。

　1936年の第11回ベルリン大会は、別名「ヒトラーのオリンピック」とも呼ばれている。ドイツの指導者であるヒトラーが、ナチ党（ナチス）の力を世界に見せつける場として自ら大会組織委員会の総裁に就き、オリンピックを政治的に利用することを画策したのである。最終的にこの大会は国際政治に利用され、「ナチス政権の人種差別・反ユダヤ主義的、軍事主義的な構造的暴力」[6]をも映し出し、ナショナリズム発揚の場として機能した（してしまった）のである。このような

状況は、開催国の政治の力をアピールするものだけにとどまらず、排他的な態度を生む危険性をも内包しているのである。

　さらに、多木浩二が「ネーション間の政治的対立が異様に肥大化すると、ときには戦争におよぶという経験を、われわれはしてきたのである」[7]と指摘するように、オリンピックは国際政治と無縁では開催できないくらい肥大化され、大会自体が国家間の戦争を生み出す要素を持っていると言っても過言ではない。とりわけ、オリンピックやスポーツの場で起きた政治的で排他的な行為は、メディアを通じて世界中に発信され、結果的にすぐに（武器を行使する）戦争とまではいかなくとも、国家間の政治的緊張関係をより悪化させてしまうことも考えられる。したがって、なぜオリンピックとナショナリズムの関係を問う必要があるのかといえば、オリンピックは国家や国際政治と無縁ではないが故に、一歩間違えれば私たちの生活をも脅かす代理戦争を演出してしまう可能性を持っているからである。

　では、これまでオリンピックがこのナショナリズムの問題とどのように向き合ってきたのか。次節では、まずオリンピックの理念に立ち返り、理念を通じたオリンピックとナショナリズムの関係について、さらに考察を深めることとする。

■ 2　オリンピックの理念とコスモポリタニズム

１．オリンピズムとオリンピック・ムーブメント

（１）オリンピズムという人生哲学

　オリンピックには「オリンピズム」という理念がある。それは大会理念のみならず、オリンピックを通じて教育活動と平和活動を推進し、生き方の探究を含めた人生哲学としても継承されている。最新の「オリンピック憲章」（2019年版）におけるオリンピズムは次のように明記されている[8]。

1．オリンピズムは肉体と意志と精神のすべての資質を高め、バランスよく結合させる生き方の哲学である。オリンピズムはスポーツを文化、教育と融合させ、生き方の創造を探求するものである。その生き方は努力する喜び、良い模範であることの教育的価値、社会的な責任、さらに普遍的で根本的な倫理規範の尊重を基盤とする。

2．オリンピズムの目的は、人間の尊厳の保持に重きを置く平和な社会の推進を目指すために、人類の調和のとれた発展にスポーツを役立てることである。

　このオリンピズムは、近代オリンピックの父と呼ばれるクーベルタン（P. Coubertin）男爵によって提唱された。クーベルタンは1883年にイギリスの学校を訪れ、生徒たちがスポーツを通じて道徳や社会のルールを学んでいることに感銘を受けた。そこで彼は、当時のヨーロッパが戦争の絶えない状況だったことから、スポーツを通じて優れた人間を育てることが世界平和の実現に役立つと考え、1894年にIOC（International Olympic Committee：国際オリンピック委員会）を設立し、オリンピックを古代から復興させたのである。クーベルタンが74歳の生涯を終えた後も、IOCはスポーツを通じた「平和」な社会の推進と調和のとれた人間を育てるための「教育」の重要性を国際社会に向けて発信し続けている。このようなオリンピズムを中心とした理念を広める活動を「オリンピック・ムーブメント」という。

（2）オリンピック・ムーブメントという平和教育活動

　オリンピックを開催する国や地域に限らず、世界の教育機関ではオリンピズムを普及させる活動、すなわちオリンピック・ムーブメントによる平和教育活動が実施されている。オリンピズムと同様、オリンピック憲章では以下のように提唱されている[9]。

> オリンピック・ムーブメントの目的は、オリンピズムとオリンピズムの価値に則って実践されるスポーツを通じ、若者を教育することにより、平和でより良い世界の構築に貢献することである。

　では、なぜオリンピック・ムーブメントを普及させる必要があるのだろうか。それは、スポーツを通じて心身を向上させ、さらには文化・国籍などさまざまな差異を超え、友情、連帯感、フェアプレーの精神を持って理解し合うことで、平和でより良い世界の実現に貢献するという理念が、オリンピックに出場しない人々にとっても大切な考え方だからである。

　しかし残念ながら、実際の大会において、オリンピズムが体現されていないことが多く、「理念なきオリンピック」と批判されることも多い。特にオリンピックは、各国のナショナリズムが拮抗し合う時期に成立したものであったため、当初からナショナリズムの問題は繰り返し提起されてきた。そこでクーベルタンは、国際社会におけるナショナリズムの高揚と、それに反映される形で開催される大会の状況を警戒し、オリンピズムを基底に置きながらも、ナショナリズムを超える「インターナショナリズム」の精神を創造すべきであると主張したのである。

2．クーベルタンが理想とするインターナショナリズムとは

　マカルーン（J. J. MacAloon）によれば、クーベルタンは「祖国を愛する人々が、外国に対し知的かつ聡明なる共感を示すことによって、祖国に対するその国の人々の好意を勝ち得ようと努める」[10] という「インターナショナリズム（国際主義）」の精神を強調したという。クーベルタンは社会におけるナショナリズムの高揚を、愛国心と諸外国への共感を通じて緩和しようと考えたのである。

　しかし、クーベルタンが理想とするインターナショナリズムは「ある意味国家主義の強化を背景にした国際交流という姿勢」[11] であり、結果的にナショナリズムの強化をもたらしているのではないかと指摘されている。確かに、私たちが自国選手を応援するのは、程度の差こそあれ愛国心からくるものだと考えられる。穏健な愛国心はスポーツの楽しさを引き出すかもしれないが、排他的になれば差別や代理戦争につながる。国家が存在し、競技者が国家単位で出場し続ける状況が続く限り、ナショナリズムによる愛国心の不安定さは払拭できない。また、メディアが自国選手ばかりを報じ、国別メダル獲得数を比較することで愛国心を過剰に煽っていることも危惧しなければならない。クーベルタンが発したインターナショナリズムは、自国への帰属意識である愛国心を前提とした考え方であり、未来に向けて根付かせる精神としては検討の余地が残されている。

　次項では、私たちが国家や愛国心を意識せざるを得ない状況が続くなかでも、排他的なナショナリズムを生み出さないために、どのような理念（精神）が現代のオリンピックに対して有効なのかを検討する。

3．オリンピック理念（精神）の再検討

（1）「難民選手団」の事例から
　引き続きオリンピズムを念頭に置きながら、根強いナショナリズムを超える理念（精神）を再検討してみたい。

　ここでは2016年のリオデジャネイロ大会において結成された「難民選手団」が一つの手がかりを与えてくれる。国連難民高等弁務官事務所が発表した統計によると、2019年6月の時点で世界の難民や難民申請者は7,000万人に上り、過去最高の数字となった。難民の流入が国家や社会を揺るがす大きな問題となり、人道主義をもとに大量の移民を受け入れたドイツやフランスでは国内の統治が少しずつ困難を来し、受け入れに対し不満を募らせている人々もいると報道されている。もちろん、人道主義からの人権保護は制限されるべきものではないが、難民に対して積極的だった北欧諸国も受け入れに対して大幅な規制を開始した。日本も外務省を中心に積極的に難民政策と向き合っているが、各国で紛争やトラブルが頻

発していることから慎重な構えを見せている。

　そんななか、内戦や紛争などの理由で難民となり、母国・地域から出場できない選手10人をIOCは「難民選手団」として結成させ、オリンピック出場への道を開いた。2020年東京大会でも結成される予定である。多木が「われわれがネーションへの帰属に縛られることなく、世界人である可能性はないか。（中略）スポーツはほんらい、そのような傾向があって不思議ではない」[12]と指摘するように、スポーツは本来、国籍などの帰属に縛られることなく、その枠を超えて「世界人」として競技に参加できる状況があって不思議ではない。この難民選手団のようにたとえ生まれ育った母国・地域から参加できなくても、国籍に捉えられることなく「世界人」として参加選手のアイデンティティを優先する試みは非常に有意義なものである。そして、このような「世界人」として多くの他者を認め、受け入れるという姿勢は、オリンピズムが目指す平和教育活動にもつながるのである。

（2）コスモポリタニズムの定着に向けて

　では、「世界人」とはどのような人格を持った人なのだろうか。「世界人」とは「世界市民」、つまり「コスモポリタン」と解釈して相違ない。トムリンソン（J. Tomlinson）によれば、コスモポリタンとは「直接自分に関わりのあるローカルな問題だけにこだわらず、グローバルな帰属、参加、責任などといったものを意識し、こうした大きな問題を日常生活の活動の中に組み入れることのできるような文化的気質を持つことを意味する」[13]と説明している。このトムリンソンの定義は、グローバリゼーションの未来が問われるオリンピックにおいて重要な思考だと考えられる。なぜなら、オリンピックでは自国や競技者自身の競技成績だけにこだわらず、国家や文化を超えたより広い視野での帰属、参加、責任が問われ、そのような意識を持った人々が集う大会となることが期待されているからである。そして、このようなコスモポリタンとしての文化的気質を一層広く受け入れようとする姿勢を「コスモポリタニズム」といい、この姿勢はオリンピックが今推進すべき精神の一つだといえよう。

　とはいえ、これは何も特別な精神ではない。リオデジャネイロ大会でジャマイカのウサイン・ボルト選手が100m決勝で三連覇を達成した瞬間、会場だけではなく世界中が興奮に包まれた。また、開会式に参加したすべての人々が難民選手団を大きな拍手と歓声で迎えた。ボルト選手の力走と難民選手団の勇気に私たちは共感し、国籍や政治情勢に関係なく熱心に応援した。これはコスモポリタニズムが体現された瞬間でもある。

　今後、難民選手団の存在は単にIOCによる難民救済措置という位置付けではなく、スポーツを通じた共生社会のあり方を考える重要な実例であり、社会全体で考えていくべき論点でもある。自国選手の活躍ばかりに気をとられるのではなく、

広く世界全体を見渡し、オリンピックを通じたコスモポリタニズムの推進とそれをふまえた実践が喫緊の課題であろう。

■ 3 オリンピックの未来

　最後に、ナショナリズムをふまえたこれからのオリンピックのあり方について考えてみたい。

　国際政治や国家間の情勢が激しく変化していくなかでも、オリンピックで一番大切なことは変わらない。いつの時代のオリンピックもオリンピズムの理念から出発し、「平和」を中心とした共生社会を創造し実践していくことが求められる。これまでオリンピックとナショナリズムとの距離感を考え、前節では、「世界人」として国家を超えて他者の存在を理解するコスモポリタニズムの精神の必要性を提示した。しかし、オリンピズムとコスモポリタニズムの精神を追求すれば排他的なナショナリズムを排除できるかといえば、問題はそこまで単純ではない。オリンピックは一方でボーダレス化を試み、他方で国家というボーダーに囲われた二重の立場を同時に推し進めている。したがって、オリンピックはネーションと結び合ったものでもあるし、またネーションに対する個々のアイデンティティの抜本的な見直しが必要となる。

　では、オリンピックとナショナリズムについて、これまでの議論の範囲内でいくつかまとめておきたい。

> 1．オリンピックには、排他的ナショナリズム（国際政治や人種問題を煽るような行動）をもたらす懸念材料があることを理解する。
> 2．オリンピックは、「オリンピズム」という平和貢献への理念に沿って開催される必要があり、この理念はスポーツに関わるすべての人々にとっても大切な考え方である。
> 3．オリンピックでは、国家や文化を超えたより広い視野での帰属、参加、責任が問われ、「世界人」として多くの他者を受け入れる「コスモポリタニズム」の精神が重要である。
> 4．オリンピックは、世界の日常で起こっている難民や災害などの出来事に対する「共生社会」のあり方を考え、それを実行していく役割を担っている。

　このような理解を共通認識として私たちは見据えておかなければならない。誰もが理想とするオリンピックを実現することは困難だとしても、もう一度オリンピズムの理念に立ち返って問い直し、コスモポリタニズムの精神を推進して、国家間の枠を超えた共生社会の実現をオリンピックから発信していくこと、これが

これからのオリンピックを開催する最大の役割と捉えてよいのではないだろうか。

【引用文献】
1）有元健「スポーツとナショナリズムの節合について」『現代スポーツ評論』27号　創文企画　2012年　p.34
2）日本経済新聞（夕刊）「官房長官『甚だ残念で遺憾』浦和サポーター　差別横断幕」　2014年3月14日　p.15
3）濱嶋朗・竹内郁郎・石川晃弘編『社会学小辞典（新版）』有斐閣　1997年　p.475
4）B. アンダーソン（白石隆・白石さや訳）『想像の共同体―ナショナリズムの起源と流行―』NTT出版　1997年　p.20
5）E. J. ホブズボーム（浜林正夫・嶋田耕也・庄司信訳）『ナショナリズムの歴史と現在』大月書店　2001年　p.185
6）森敏生「平和と非暴力の文化としてのスポーツ」姫路獨協大学「戦争と平和」研究会編『戦争と平和を考える』嵯峨野書院　2006年　pp.64-65
7）多木浩二『スポーツを考える―身体・資本・ナショナリズム―』筑摩書房 1995年　p.177
8）日本オリンピック委員会「2019年版オリンピック憲章」p.10
　　https://www.joc.or.jp/olympism/charter/pdf/olympiccharter2019.pdf（2020年1月7日閲覧）
9）同上8）p.12
10）J. J. マカルーン（柴田元幸・菅原克也訳）『オリンピックと近代―評伝クーベルタン―』平凡社　1998年　p.523
11）舛本直文『「東京オリンピック」の映像解釈―「芸術か記録か」論争からみたオリンピズム―』体育学研究42号　1997年　p.162
12）前掲書7）p.176
13）J. トムリンソン（片岡信訳）『グローバリゼーション―文化帝国主義を超えて―』青土社　2000年　p.320

【参考文献】
・野上玲子「オリンピックの平和構想に関する実践哲学―イマヌエル・カントの哲学を手掛かりとして―」日本体育大学　2018年
・野上玲子「オリンピックと世界平和」髙橋徹編『はじめて学ぶ体育・スポーツ哲学』みらい　2018年
・「歴代オリンピックでたどる世界の歴史」編集委員会編『歴代オリンピックでたどる世界の歴史1896-2016』山川出版社　2017年

地域スポーツ —スポーツと官民連携—

● 第9章の学びのポイント ●

　本章では、スポーツと地域の関係を考えるうえで、次の2点を学びのポイントとする。
・これまでの地域スポーツの歩みを理解するとともに、現代の地域社会におけるスポーツの役割について理解しよう。
・「新しい公共」や「PPP」の概念を理解するとともに、スポーツにおける官民連携の可能性について考えてみよう。

1　日本における地域スポーツの歩み

1．地域スポーツ振興に関する政策等の変遷

（1）戦後における社会体育振興

　戦前の日本においては、一般市民が身体を動かす機会は学校体育などの一部に限られていた。しかし、1949（昭和24）年に「社会教育法」が制定されると、地域社会や職場、家庭などの学校以外の場で行う学習機会の一つとして、スポーツ等の身体的な活動を行う「社会体育」が行われるようになった。

　橋本純一によれば、「戦後の1950〜1960年代、＜近代日本＞に欠けていたのは社会的な平等（民主主義）であり、経済的自立（富）であり、それを可能にする産業であり、それらによって可能になる文化的生活」[1] であったという。社会体育は行政の主導のもと、戦後の日本市民の生活再建と民主主義的な生活を志向する場として公的に位置付けられ、大きな成果をあげていた[2]。それは、かつてイギリスのパブリック・スクールが、近代社会に見合う人材を育成するツールとしてスポーツを活用したのと同じ構図だったともいえよう。

　1951（昭和26）年には、文部省（現：文部科学省）から「社会体育指導要領」が公表され、社会体育における地方公共団体の任務が示されるとともに、地域や職場における体育指導者の手引きとしても活用された[3]。1958（同33）年に日本初

の国際スポーツ大会であるアジア大会が開催され、その翌年に東京オリンピック（1964［同39］年）の招致が決定すると、国内のスポーツへの関心はさらに高まった。1960（同35）年には、「全国体育指導委員協議会」が発足し、社会体育の振興が一層推し進められることとなった。このように、戦後の日本のスポーツは、行政の支援のもと、学校と職場（企業）を中心に発展してきたことがうかがえる[4]。

（2）スポーツ振興法とコミュニティ・スポーツ

　1961（昭和36）年には、日本で初めてのスポーツに特化した法律である「スポーツ振興法」が制定された。同法は、スポーツ振興に関する国および地方公共団体の施策の基本を示すとともに、スポーツを国民の心身の健全な育成や豊かな国民性の形成に寄与するものとして捉えている。

　1960年代の高度経済成長は、市民に経済的・物質的豊かさをもたらすと同時に、余暇時間を拡大させた。このころ、各地域では余暇活動の一つとしてスポーツ教室が開催されていたが、その多くは一過性の高いイベントであった。そこで、東京都三鷹市ではスポーツ教室の参加者を中心に新たなスポーツクラブを組織し、市民が継続的にスポーツを楽しみながら、相互に交流できる環境づくりを進めた。これらのクラブは市民によって自主運営され、市は財政的な援助はするものの、直接的な運営には関わらないものであった。「三鷹方式」の取り組みは全国から注目を集め、高度経済成長以降、多くの地域が抱えることになった人間関係の希薄化などのコミュニティに関する課題を、スポーツを通じて解決する「コミュニティ・スポーツ」の動きが広まっていった。

　1972（昭和47）年の保健体育審議会答申では、日常生活圏におけるスポーツ施設の整備や参加を促進するための施策、指導体制の整備など、体系的なスポーツ政策の指針が示された[5]。また、1975（同50）年からは派遣社会教育主事（スポーツ担当）制度が開始され、専門職員がいない市区町村でもスポーツ計画の策定や各種事業の企画立案が可能となり[6]、市民生活のなかにスポーツが浸透していく契機となった。

（3）みんなのスポーツと生涯スポーツ

　1975（昭和50）年にベルギーで行われた欧州評議会において「ヨーロッパ・スポーツ・フォー・オール憲章」が採択された。同憲章では、「Sport for All（みんなのスポーツ）」という考えが示されており、スポーツは性別や年齢、国籍などに左右されない人間の基本的な権利であると明示されている。以後、公的にスポーツにおける参加機会の平等化や、格差の解消が目指される「みんなのスポーツ」という概念が普及していった。

　文部省は1976（昭和51）年に、学校体育施設の開放を促進すべく、開放時の管

理責任を当該校の校長から主管の教育委員会に移譲する全国通知を出した。現在も続く学校体育施設の開放は、これを期に盛んになったものである。校庭や体育館などの体育施設を地域住民に開放することは、地域間のスポーツ環境の格差を是正するとともに、子どもから高齢者まですべての人が生涯を通じてスポーツに親しむ「生涯スポーツ」の振興へとつながるものであった。健康の保持増進やレクリエーションとしてのスポーツに強い関心が寄せられるようになったのも、この時期である。

（4）総合型地域スポーツクラブの育成と市民による自主運営

　前述の保健体育審議会の答申以降、地域におけるスポーツクラブの育成は現在も継続して行われている。1995（平成7）年度からは「総合型地域スポーツクラブ育成モデル事業」が開始され、「子供から高齢者まで（多世代）、様々なスポーツを愛好する人々が（多種目）、初心者からトップレベルまで、それぞれの志向・レベルに合わせて参加できる（多志向）、という特徴を持ち、地域住民により自主的・主体的に運営される」[7] 総合型地域スポーツクラブの育成が急速に進んでいった。

　総合型地域スポーツクラブの育成は、2011（平成23）年に施行された「スポーツ基本法」や翌2012（同24）年に策定された「スポーツ基本計画」においても重要な施策として位置付けられている。このことから、日本の地域スポーツ振興が、戦後の行政主導によるトップダウン型の社会体育から、コミュニティ・スポーツ、みんなのスポーツ、生涯スポーツという概念を経て、市民の自主運営による総合型地域スポーツクラブというボトムアップ型の取り組みへと変化してきたことが理解できる。

2．地域におけるスポーツの新たな役割

（1）スポーツのベネフィット

　1960年代に、スポーツが地域コミュニティの問題を解決する有効な手段として考えられたように、スポーツはさまざまな面でベネフィット（恩恵）をもたらす。例えば、スポーツイベントの開催が地域に果たす役割には、以下の4つがあるとされている[8]。

①人々の生活の質を高め、健康的でアクティブな生活を実現可能にするスポーツやレクリエーションのための施設や空間を社会資本としてストックする「社会資本を蓄積する機能」
②イベントへの参加やツーリストの活発なスポーツ施設使用料、飲食・宿泊な

どの関連支出を促すなどの消費活動を誘導し、地域経済を活性化する「消費を誘導する機能」

③スポーツへの参加や観戦によって、地域に連帯感が増し、共通の話題が人々のコミュニケーションを深め、社会的交流や地域への帰属意識が高まる「地域の連帯性を向上する機能」

④スポーツが生み出した感動や興奮を体感したり、メディアが伝えたりすることによってイベント開催地域の都市のイメージが明るく有効的なものになる「都市のイメージを向上する機能」

これまでの日本においては、とりわけ①「社会資本を蓄積する機能」と③「地域の連帯性を向上する機能」に対する関心が高く、コミュニティ・スポーツや総合型地域スポーツクラブなどの地域スポーツ振興の施策に色濃く反映されてきた。

（2）地域におけるスポーツの新たな役割
❶欧米におけるトップスポーツの活用

近年はイギリスやアメリカなどの欧米を中心に、地方行政とプロチーム等のトップスポーツ団体が連携して社会課題を解決する動きが広まっている。

例えば、イギリスのプロサッカークラブのカーディフ・シティFC（Cardiff City FC）は、ホームタウンの地域が抱える健康増進、学習・就労機会拡大、犯罪・再犯予防という課題に、クラブの強みであるコーチングや教育、メンタリングの手法からアプローチしている。学校へのスポーツ・健康教育の講師の派遣や、犯罪多発地域でのスポーツ教育、受刑者への教育訓練など[9]、一見するとこうした活動はスポーツ組織の範疇を超えたものに見える。しかし、これらの活動を通じて自分たちのコミュニティに心身ともに充実した人が増えれば、スポーツを「する」「見る」人が増えるだけでなく、クラブやコミュニティへの愛着が増していく[10]。また、活気にあふれたコミュニティの姿が広く社会に伝えられることにより、そのコミュニティに対して抱かれるイメージも向上していくであろう。そうした意味で、カーディフ・シティＦＣの取り組みは、前述したスポーツによって得られる４つのベネフィットを網羅する先進的な事例として評価することができる。

❷日本におけるトップスポーツの活用

日本においては、日本プロサッカーリーグ（以下「Ｊリーグ」）がクラブと地域住民・自治体などの３者以上で連携しながら社会課題の解決に挑む、社会連携活動（シャレン！）に取り組んでいる[11]。

Ｊリーグは、1993（平成５）年の開幕から、欧州型の地域スポーツクラブをモデルに、地域に根差したクラブづくりを進めてきた。リーグの規約においても

「Ｊクラブはホームタウンにおいて、地域社会と一体となったクラブ作り（社会貢献活動を含む）を行い、サッカーをはじめとするスポーツの普及および振興に努めなければならない」[12]と定めており、各クラブは自らが持つ人材育成等のノウハウを、サッカー教室や学校訪問などのホームタウン活動を通じて地域に還元してきた。これらの活動は地域におけるクラブの存在感を高めることに寄与してきたが、活動の内容は対象となる団体などと協議したうえでクラブが決定することがほとんどであった。そのため、従来のホームタウン活動が必ずしも地域社会の課題解決を目的に実施されるものとは限らなかった。

2019（令和元）年から始まった前掲の「シャレン！」は、ホームタウンで活動が展開される点では従来の活動と変わらないが、クラブが他者と連携しながら直接的にホームタウンの社会課題の解決を図るという異なる特徴を有している。

例えば、徳島県をホームタウンとする徳島ヴォルティスは、2018（平成30）年に美馬市と大塚製薬との３者で連携協定を結び、2019（令和元）年より美馬市民の健康づくり推進事業「ヴォルティスコンディショニングプログラム」に取り組んでいる。本事業では徳島ヴォルティスが持つ運動プログラムと大塚製薬の栄養に関する情報を活用して、高齢者の運動習慣や運動機能を改善することが期待されている[13]。

こうしたＪリーグのクラブによる取り組みは、一般市民や法人からも連携のアイデアを募集していることから、プロスポーツチームを地域社会のハブとして活用する新たな試みとして捉えることができる。他方、野球場を核とした街づくりを進める広島市の「広島ボールパークタウン」整備事業のように、地方創生策の一環としてスポーツを活用する動きも広まっており、近年の地域スポーツを取り巻く環境はますます変わりつつある。

これらの事例に共通するのは、スポーツを単に身体を動かす場として捉えるのではなく、コミュニティ等における社会課題の解決に役立てようとしている点である。この試み自体は、社会体育やコミュニティ・スポーツの取り組みにも共通するものであるが、それらが主に行政が個人のスポーツをする環境を整える取り組みであったのに対し、「シャレン！」等の近年の地域スポーツに関わる取り組みは、行政だけでなくプロスポーツチームや企業などの民間の力を活用しながら社会課題を解決しようとする点に際立った特徴がある。これは、後述する「新しい公共」や「PPP」の概念に通ずるものであり、近年の地域スポーツに課された新たな役割の一つといえる。

■ 2 スポーツにおける官民連携の形

1．新しい公共

　内閣府は、2011（平成23）年の3月より、公共政策の新たな担い手を支援し、新しい公共の拡大と定着を図る「新しい公共支援事業」を展開している。新しい公共の考え方と、それが目指す社会は以下の通りである[14]。

> 　従来は官が独占してきた領域を「公（おおやけ）」に開いたり、官だけでは実施できなかった領域を官民協働で担ったりするなど、市民、NPO、企業等が公的な財やサービスの提供に関わっていくという考え方
>
> 　「新しい公共」がめざす社会は、国民の多様なニーズにきめ細かく応えるサービスが、市民、NPO、企業等によりムダのない形で提供され、また、一人ひとりの居場所と出番があり、人に役立つ幸せを大切にする社会

　「新しい公共」は、これまで行政から一義的に提供されていた公共サービスを民間企業や非営利団体等に開くことで、公共サービスにおける市民の当事者意識を高めるとともに、市場や企業、行政のあり方を変革させようとするものである。また、公共サービスを通じた市民・企業・行政の支え合いも重要視されており、企業においてはより社会性を重視した取り組みが期待されている。2011（同23）年3月に発生した東日本大震災の被災者支援においても、上記事業に基づいて都市の整備や福祉サービスなどの面でNPO法人や民間企業を活用した取り組みがなされた[15]。

　総合型地域スポーツクラブは、社会体育を通じたコミュニティ形成支援という公共サービスが、市民やNPO法人に開かれたものと捉えることができる。そうした意味で、スポーツにおける「新しい公共」はすでに広まりつつある概念だといえよう。

2．PPP（官民連携）

　PPPとは「Public Private Partnership」の略称であり、「行政・非営利組織・市民が、それぞれの得意な分野で責任を持ってその役割を果たしていくことによって、費用対効果を高め、社会的な仕組みを構築していく手法」[16] のことである。近年はこれらの手法を用いたスポーツ振興策が増えており、PPPの活用は、行政の主導のもと学校中心で行われてきた日本のスポーツにとって大きな転換点

になったといえる。大竹弘和によれば、PPPは官と民との役割分担の観点から、以下の３つに分類される[17]。

---

①公共サービス型（民間による公共サービス提供）

　官が決めた方針等に基づき、公共サービスの実施を民間に委ねる手法。後述するPFIや指定管理者制度など、スポーツでは施設に関連する事業に実施例が多い。

②公有資産活用型（公有資産の活用による事業創出）

　官が所有する土地や建物などの公有財産を利用して、民間が事業を展開できる手法。味の素スタジアムのようなネーミングライツによる広告事業や、公共施設の利活用などがあり、廃校施設に町民センターやプロサッカークラブ（水戸ホーリーホック）のクラブハウスなどの機能を持たせて活用する「アツマーレ」（東茨城郡城里町）のような事例がある。

③規制・誘導型（民間活動支援等による地域活性化）

　民間によるまちづくりなどの地域課題のための活動に対し、行政が事業のビジョンを明示したり、規制緩和や補助金を交付したりするなどして支援する手法。民間事業に対して特例措置などが取られる特区制度や市街地の再開発などがそれにあたるが、スポーツに特化した実践例はまだ少ない。

　新しい公共が、基本的に民間非営利組織（NPO法人や公益財団法人など）をサービスの担い手としているのに対して、PPPは公共サービスを担う事業者が営利企業であることも多い。その意味で両者は異なる概念ではあるが、どちらも行政による事業・サービスを民間に開き、協働・連携を図りながら地域社会の課題に対応するという点では共通した概念である。本稿ではその点を重視し、新しい公共とPPPの取り組みを区別することなく「官民連携の試み」として一体的に捉えることとする。

　次項からは、スポーツにおける官民連携の具体的な取り組みを例示するとともに、スポーツにおける官民連携の可能性について考察したい。

3．学校運動部活動と部活動指導員制度

　学校運動部活動は、生徒・学生の体力や技能の向上に寄与するだけでなく、異年齢との交流のなかで好ましい人間関係の構築を図ったり、学習意欲の向上、自己肯定感、責任感、連帯感の涵養に資するなど、多様な学びの場として教育的意義が大きい活動である[18]。しかし、近年は少子化や教員の働き方改革の影響もあり、活動の内容やそのあり方を見直す動きが広まっている。

　日本の中学校教員の勤務時間はOECD（経済協力開発機構）に加盟する国・地

域のなかで最長であり、運動部活動の顧問を担当する教員のうち、約46％は当該競技の経験がない[19]。国は、部活動に関わる教員の負担軽減とより質の高い指導環境を確保することを目指して、2017（平成29）年に学校教育法施行規則の一部を改正し、部活動指導員を制度化した。それまでも卒業生や保護者などの地域住民が外部指導者として部活動の指導にあたることはあったが、その多くは学外の人間によるボランティアの形態で、安全管理上の責任は顧問である当該校の教員にあった。新たに制度化された部活動指導員は、正式に顧問（または副顧問）として指導にあたることが認められており、対外試合等の引率も可能となっている。

　2018（平成30）年には、スポーツ庁によって、運動部活動を持続可能な活動とすることを目指した「運動部活動の在り方に関する総合的なガイドライン」が策定されている。同ガイドラインにおいて、都道府県や各校には「学校と地域が共に子供を育てるという視点に立った、学校と地域が協働・融合した形での地域におけるスポーツ環境整備を進める」[20] ことが期待されており、今後はその指導や活動の主体を地域クラブへ移譲する学校が出てくることも予想される。

４．スポーツ施設とPFI方式・指定管理者制度

　日本のスポーツ施設は、その９割ほどが学校や社会体育施設などの公共施設である。これらの施設は建設から30年以上経過しているものが多く、近い将来、建て替えや大規模修繕を迫られる状況にある。また、近年は財政状況の悪化によってスポーツ施設の修繕等を十分に行えない地方自治体も存在する。スポーツ庁は、2018（平成30）年に「スポーツ施設のストック適正化ガイドライン」を策定し、地方自治体が持続的にスポーツ施設を提供し、住民がスポーツを自由に親しむ環境を整備することを支援している[21]。

　今後、スポーツ施設の整備には、民間の資金やノウハウを利用して、公共施設の建設・運営・維持管理等を行う「PFI（Private Finance Initiative）」方式や、公共施設の管理運営をNPO法人等の非営利組織や民間企業に委託する「指定管理者制度」を活用することが期待される。

（1）PFI事業のモデル事例

　墨田区総合体育館は、区が新日鉄エンジニアリンググループ（同社を代表とした複数企業で構成する共同体）と事業契約を交わし、2010（平成22）年にPFI方式によって建設された。地域住民がスポーツを「する」場としての機能だけでなく、2,500人というキャパシティの大きさを生かしてフットサルのプロクラブである「フウガドールすみだ」のホームゲームやバドミントンの公式試合などを開催しており、スポーツを「みる」場としての機能も有している。また、生涯スポー

ツの振興に向けたスポーツ事業の実施をはじめ、総合型地域スポーツクラブの育成支援を行うなど、スポーツを「支える」ための機能も有している[22]。

　運営期間が20年と長期に及ぶことから、今後も民間事業者の視点を生かした、他のスポーツ施設に先立ったさまざまな事業が展開されていくものと考えられる。

（2）指定管理者制度の事例

　Jリーグの鹿島アントラーズは、2006（平成18）年からホームスタジアムとして利用する「茨城県立カシマサッカースタジアム」の指定管理業務を行っており、スタジアム内で常設型のミュージアムやフィットネスジム、医療・美容・湯治に関する施設を運営している[23]。夏季期間には、コンコースにて「スタジアムビアガーデン」を営業するだけでなく、ピッチ上にテントを立ててキャンプを行う「アントラーズスタジアムキャンプ」などの企画も開催しており、どれも活況を呈している。また、アントラーズのチームドクターや理学療法士などが治療・リハビリにあたる「アントラーズスポーツクリニック」は、子どもから高齢者まで幅広い年代の地域住民が利用しており、スタジアムを活用した先進的な取り組みとしてメディア等に取り上げられることも多い。同スタジアムはサッカー専用スタジアムでありながら、試合のない日も多くの地域住民が足を運び、鹿島アントラーズがホームタウンとする鹿行地域のシンボル的存在となっている。

　以上のように、鹿島アントラーズはクラブ独自の事業を展開することで、施設を有効に活用するだけでなく、自らのブランド価値向上にも成功している。行政としても、公費で建設されたスタジアムが試合日以外にも市民に活用されることの意義は大きい。他のスポーツ施設における指定管理者においても、今後は民間事業者が持つブランド力やノウハウを生かした積極的・多角的な施設運営が期待される。

■ 3　地域スポーツの未来

　今日の地域におけるスポーツは、単に身体を動かすだけの活動ではなく、コミュニティの形成や地域課題の解決に資する活動としても機能している。その意味で、地域スポーツは個人の生活を充実させる活動でありながら、社会的・公共的な性格を帯びたものであり、その存在感は増してきている。今後、プロスポーツや民間企業のノウハウを活用した魅力的な事業が増えていくであろうし、小・中学校等のどの地域にもある学校施設を拠点とした民間事業の活性化も期待される。

　これまでどちらかといえば画一的な取り組みが多かった地域スポーツだが、「新しい公共」や「PPP」という官民連携の概念のもと、今後は地域の特色を生かし

た個性豊かなスポーツ振興のビジョンが描かれていくであろう。

【引用文献】

1) 橋本純一編『現代メディアスポーツ論』世界思想社　2002年　p.250
2) 柳沢和雄・清水紀宏・中西純司編『よくわかるスポーツマネジメント』ミネルヴァ書房　2017年　p.38
3) 同上書2) p.38
4) 川西正志・野川春夫編『生涯スポーツ実践論―生涯スポーツを学ぶ人たちに―　改訂2版』市村出版　2006年　p.50
5) 前掲書2) p.38
6) 前掲書2) p.38
7) スポーツ庁「総合型地域スポーツクラブ」
　 http://www.mext.go.jp/sports/b_menu/sports/mcatetop05/list/1371972.htm（2019年9月1日閲覧）
8) 原田宗彦編『スポーツ産業論　第6版』杏林書院　2015年　p.316
9) デロイトトーマツ「スポーツビジネス"ポスト2020"東京オリンピック・パラリンピック後のスポーツ組織の生存戦略―市場環境の変化に耐え、成長するために―」
　 https://www2.deloitte.com/jp/ja/pages/consumer-and-industrial-products/articles/sb/post2020.html（2019年9月1日閲覧）
10) 同上9)
11) Jリーグ「Jリーグをつかおう！　社会連携本部　シャレン！」
　 https://www.jleague.jp/sharen/（2019年9月1日閲覧）
12) Jリーグ規約　第24条〔Jクラブのホームタウン（本拠地）〕（2）
　 https://www.jleague.jp/docs/aboutj/regulation/2020/02.pdf（2020年3月2日閲覧）
13) 前掲11)
14) 内閣府「新しい公共支援事業について」（平成23年3月10日）
　 https://www5.cao.go.jp/npc/shienjigyou-kaiji/gaiyou.pdf（2019年9月1日閲覧）
15) 内閣府「『新しい公共』に関する取り組みについて」（平成24年9月6日）
　 https://www5.cao.go.jp/npc/pdf/torikumi0906.pdf（2019年9月1日閲覧）
16) 同上15)
17) 前掲書8) pp.34-35
18) スポーツ庁「運動部活動の在り方に関するガイドライン」（平成30年3月）
　 http://www.mext.go.jp/sports/b_menu/shingi/013_index/toushin/__icsFiles/afieldfile/2018/03/19/1402624_1.pdf（2019年9月1日閲覧）
19) 文部科学省「部活動指導員の制度化について」（平成29年10月30日）
　 http://www.mext.go.jp/prev_sports/comp/b_menu/shingi/giji/__icsFiles/afieldfile/2017/10/30/1397204_006.pdf（2019年9月1日閲覧）
20) 前掲18)
21) スポーツ庁「スポーツ施設のストック適正化ガイドライン」（平成30年3月）
　 http://www.mext.go.jp/sports/b_menu/sports/mcatetop02/list/detail/__icsFiles/afieldfile/2019/04/26/1385575_01.pdf（2019年9月1日閲覧）
22) 墨田区総合体育館「当館について」
　 http://www.sumidacity-gym.com/about/（2019年9月1日）
23) 茨城県立カシマサッカースタジアム「施設概要」
　 http://www.so-net.ne.jp/antlers/kashima-stadium/about/index.html（2019年9月1日閲覧）

3

スポーツの参加資格とジェンダー—スポーツにおける性別の境界—

　競技レベルの高い国際的なスポーツイベントでは、女子競技の公平性を保つために、女子選手を対象にした性別確認検査が導入されています。これは、女性に扮した男子選手を排除するために設けられたもので、1948年にイギリス女子陸上競技連盟が初めて行ったとされています。

　1966年のヨーロッパ陸上競技選手権大会では、医師が外部生殖器の形状を検査する「視認検査」が行われました。しかし、この検査方法は女子選手が医師の前を裸で歩かなければならず、屈辱的でプライバシーの侵害であると多くの批判を招きました。

　IOC（国際オリンピック委員会）は、女子選手のプライバシーに配慮して、1968年から口腔細胞を採取して女性の典型であるXX染色体を有しているかを確認する「染色体検査」を導入しました。ところが、この検査方法では、女性でありながらXY染色体を有する性分化疾患の症例等に対応できず、本人も知らなかった性染色体の情報が当該選手の失格処分によって公にされるという事態を招きました。専門医によれば、性分化疾患の選手が特異な競技力を有することはなく、染色体検査がこれらの選手を競技の場から不当に排除しているとの批判が寄せられました。

　IOCはより精度の高い検査を行うべく、1991年から「PCR法」（口腔細胞や毛根からY染色体の有無を確認する検査）を導入しましたが、性染色体の型を判別する検査であることに変わりはなく、結果的に染色体検査と同じ課題を抱えることになりました。こうした医学検査上の課題が表出するとともに、女性競技者の人権保護を訴える動きが広まったことも影響し、IOCは2000年に、それまですべての女子選手に課していた性別確認検査を廃止しました。

　IAAF（国際陸上競技連盟）は、2011年に性別に関する疑義が生じた際にのみ選手の体内で生成されるテストステロン（男性ホルモンの一種）の数値を確認する、「高アンドロゲン症検査」を導入しました。それまで行われていた染色体に関する検査が「男・女」という生物学的な性別に区分するためのものであったのに対し、高アンドロゲン症検査は生物学的性別を決定付けるものではありません。性染色体の形状等にかかわらず、血中のテストステロン値が一般的な男子選手の下限（10nmol／L）を上回っている場合は、女子の試合に出場することができません。しかし、外部生殖器や性染色体において典型的な男女の特徴を持たない人がいるのと同様に、性ホルモンの量もまた個人差が大きく、テストステロン値が高い女性や低い男性が存在しています。

　2013年には、インドの陸上女子短距離のデュティ・チャンド選手がテストステロン値の基準を超えていたとして、インド陸上競技連盟から出場資格停止処分を受けました。翌年、チャンド選手は処分の取消を求めてCAS（スポーツ仲裁裁判所）に提訴し

COLUMN

ます。CASは、テストステロン値と競技力の相関性が科学的に実証されていないことから、チャンド選手の競技復帰を認め、IAAFに科学的妥当性が証明されるまで高アンドロゲン症検査の運用を停止するよう命じました。

IAAFは2018年に新規則（DSD規制）を発表し、400m～1600m（障害走を含む）に出場する女子選手のうち、XY染色体を持つ選手はテストステロンが基準値（5nmol／L）を超えてはならないとしました。基準値を上回っている場合は、6か月以上投薬によってテストステロン値を下げていれば競技に参加することができます。しかし、2009年に性別確認検査を受けた経験を持つ南アフリカの陸上女子中距離のキャスター・セメンヤ選手が、IAAFの新規則は無効であるとCASに提訴するなど、現在も性別確認検査の是非に関する議論は続いています。国連人権委員会などがセメンヤ選手の訴えを支持する一方で、CASはセメンヤ選手の訴えを一部で認めながら競技の公平性を考慮してIAAFの新規則を容認する立場を取っています。

トップアスリートの多くは一般的な競技者よりも筋量が多く、身長や手足の長さなど体格的なアドバンテージを有していることがほとんどです。こうした差が問題にされることはほとんどないにもかかわらず、先天的な染色体の型や性ホルモンの量が問題にされるのはなぜなのでしょうか。

また、健康でありながら投薬によって自らの先天的な能力を抑えるのは、投薬で能力向上を図るドーピングと逆の構図にあるといえます。こうしたなかで競われる競技は、本当にフェアと呼べるものなのでしょうか。

私たち人間の身体は実に多様で、最先端の科学技術をもってしても男女の境界はいまだ曖昧です。選手の人権に配慮しながら、どうスポーツの公平性やおもしろさを守ることができるか。スポーツにおける男女の定義はもちろん、男女を二分して競技を行うことが本当に妥当なのか、再考する時が来ているのかもしれません。

【参考文献】
・飯田貴子・熊安貴美子・來田享子編『よくわかるスポーツとジェンダー』　ミネルヴァ書房　2018年
・髙橋徹編『はじめて学ぶ体育・スポーツ哲学』みらい　2018年
・日本スポーツとジェンダー学会編『データでみるスポーツとジェンダー』　八千代出版　2016年
・Media Release Semenya ASA IAAF closing - Court of Arbitration for Sport
　https://www.tas-cas.org/fileadmin/user_upload/Media_Release_Semenya_ASA_IAAF_closing.pdf（2019年8月20日閲覧）

COLUMN

新しいスポーツの
未来を問う

第 **10** 章

障がい者スポーツ論
—アダプテッドの視点からみた生涯スポーツ—

● 第11章の学びのポイント ●

　本章では、多様性のなかでスポーツがインクルージョンされ、誰もが当たり前にスポーツを「一緒に楽しめる」世の中こそが、持続可能な障がいのある人のスポーツの普及に非常に重要な役割を果たすことについて考えていく。そして、以下の4点を学びのポイントとする。
・障がい者におけるスポーツの意義と理念について多様な視点から学ぼう。
・持続可能な障がい者のスポーツの普及について理解しよう。
・アダプテッド・スポーツが社会に与える影響について考察しよう。
・東京オリンピック・パラリンピックを契機に、ノーマライゼーションの理念をスポーツ活動につなげていくことについて考えてみよう。

■ 1 障がい者におけるスポーツの意義と理念

1．障がい者スポーツとは

（1）障がい者スポーツ領域が対象とする障がいの種類

　障がいは、発生の原因や症状など医学的にみると細かく分類される。また、「障がい者の数だけ障がいのパターンがある」といわれるほど多様である。

　わが国の法律では、「障害者基本法」第2条第1項において、「障害者」を「身体障害、知的障害、精神障害（発達障害を含む。）その他の心身の機能の障害（以下「障害」と総称する。）がある者であつて、障害及び社会的障壁により日常生活又は社会生活に相当な制限を受ける状態にあるものをいう」と規定している。このように、一般的には身体障害、知的障害、精神障害（発達障害を含む）の3障がいに分類し、それぞれに応じた必要な支援を提供している。

（2）障がい者スポーツ＝アダプテッド・スポーツ

　わが国における障がい者のスポーツは、1964（昭和39）年に開催された東京パ

ラリンピックを契機に大きな広がりをみせた。

　2011（平成23）年8月に施行された「スポーツ基本法」第2条第5項においては、「スポーツは、障害者が自主的かつ積極的にスポーツを行うことができるよう、障害の種類及び程度に応じ必要な配慮をしつつ推進されなければならない」と規定されている。また、文部科学省では、スポーツ基本法に基づき、2012（同24）年3月にスポーツ基本計画を策定し、「年齢や性別、障害等を問わず、広く人々が、関心、適性等に応じてスポーツに参画することができる環境を整備すること」を基本的な政策課題として、障害者スポーツの推進を図っている。さらに、2014（同26）年度より、全国障害者スポーツ大会などのスポーツ振興の観点が強い障害者スポーツ事業が厚生労働省から文部科学省に移管され、スポーツ政策として一体的に推進されている。

　なお、日本障がい者スポーツ協会は、「障がい者スポーツ」を「障がい者のための特別なスポーツがあるわけではない。参加を保障し、けがや障がいの悪化を生じさせないように競技規則や用具、運動の仕方（技術）を変更したり、新たにつくるなどした、障がいのある人も参加可能なスポーツ」[1]と解説している。

　欧米では、1970年代より障がい者の体育・スポーツを「Adapted Physical Education」や「Adapted Physical Activity」と表すようになった。わが国でも、このような国際的な動向を受けて、障がい者スポーツの特徴を含みながら、広くその対象を「健常者と同じルールや用具の下にスポーツを行うことが困難な人々」とした、「アダプテッド・スポーツ（Adapted Sports）」という発想が提唱された[2]。

　先にも述べたように、障がい者のための特別なスポーツがあるわけではなく、いわゆる「障がい者スポーツ」とは、障がいがあってもスポーツ活動ができるよう、障がいに応じて競技規則や実施方法を変更したり、用具等を用いて障がいを補ったりする工夫・適合・開発がされたスポーツのことを指している。そのため、「障がい者スポーツ」の英語表現でもあり別名でもある「アダプテッド・スポーツ」の方が、参加・競技できるようにルールや用具などを適合させたスポーツとして、その意味を的確に表しているといえるかもしれない。

2．障がい者スポーツの意義

　障がい者スポーツは何よりもまず、障がいのある人にとってさまざまな意義がある。身体的にはリハビリテーションの手段、健康や体力の維持増進などの好影響が考えられる。精神的にはスポーツをすることが生きがいとなったり、運動機能の向上により、自信にもつながり、自己肯定感の向上、物事に積極的に取り組むなどの効果が考えられる。社会的には、スポーツの実施自体が社会参加であり、

信頼できる仲間をつくったり、スポーツで身に付けた自信と体力で行動範囲が広がったりすることなどがあげられる。このように、障がい者にとって運動することはとても重要なことと捉えることができる[3]。

3. 障がい者スポーツの理念

　ここでは、障がい者スポーツを実践、指導するときに特に理解しておくべき理念を、5つのキーワードによって述べることにする。

❶アダプテッド・フィジカル・アクティビティ（Adapted Physical Activity）

　人間は普通、身体をスポーツに合わせるようにしてスポーツを行う。土俵の上で有利になるよう身体づくりをすると関取のような身体になるというのは、その典型的な例である。

　一方で、アダプテッド・フィジカル・アクティビティはそれとは逆で、スポーツをその人の身体状況や知的発達状況に合わせるということである。具体的には、スポーツのルールや用具、運動の仕方（技術）を個人の身体的状況、あるいは知的な発達状況に応じてつくり変えるということである。下半身にある障がいは、車いすや義足といった用具を使用し、それに見合った運動の技術、それに合わせたルール改正によって運動やスポーツに参加できるようになる。その意味では障がい者スポーツだけではなく、女性や子ども、高齢者の運動やスポーツにも当てはまる言葉である。ただし、スポーツの修正はそのスポーツの特徴や選手が努力する局面を残すためにも最小限にとどめる必要がある。

❷人間第一主義（People First）

　人間第一主義には2つの意味が込められている。

　1つ目は、障がいに注目するのではなく、その人自身に注目するということである。障がいがその人のすべてを表しているわけでも、象徴しているわけでもない。障がいがあっても、障がいのない人と同様に、さまざまな個性や性格の人がいる。また、「障がい」と一言で言ってもさまざまな種類や程度があり、「障がい者」として一くくりにできるような単純なものではない。障がいも含めたその人の個性や特性、性格など、一個の個人として理解し、関わっていくことが重要である。

　2つ目は、できないことに注目するのではなく、できることに注目するということである。例えば下半身に麻痺がある人を見て、歩けない、走れない、段差があると車いすでの移動ができないなどと、できないことに注目するとなかなか良い発想ができない。逆に、下半身は麻痺しているが上半身は自由に使えるというように理解すると、車いすに乗ったまま卓球をしたり、バスケットボールをしたり、車いすで走ったりと、さまざまな可能性が広がってくる。

❸インクルージョン（Inclusion）

インクルージョンとは、障がいのある人とない人が共存するという意味である。スポーツにおけるインクルージョンにはスポーツの場でのインクルージョン、大会などにおけるインクルージョン、組織レベルでのインクルージョンの３つのレベルがある。

障がいのある人とない人が一緒にスポーツを行う車いすダンスや、車いすテニスのニューミックス、キーパーが晴眼者の場合が多いブラインドサッカーなどは、スポーツの場でのインクルージョンの典型例である。この場合、障がいのある人もない人も参加し、プレーすることが保障されること、安全性が確保されていることが重要である。

スポーツ大会におけるインクルージョンの例には、車いすテニスの部が設けられているテニスの世界四大トーナメントや障がい者の部があるマラソン大会などがあげられる。

スポーツ組織におけるインクルージョンの例には、国際テニス連盟の傘下にある国際車いすテニス協会やオリンピック・パラリンピック組織委員会などがある。完全に統合されていないまでも障がい者スポーツ競技団体と一般スポーツ競技団体が連携している例は少しずつ増えてきている。さまざまなレベルでのインクルージョンは、ノーマライゼーション★1社会や共生社会の実現を力強くリードしていく力になる。

❹２つの物差し（競争と個人的成長への注目）

スポーツには勝敗がつきものである。勝ちたいという思いが動機づけとなり、努力して練習する。それこそがスポーツの醍醐味であり、重要な要素である。したがって競争（勝敗）は評価の１つの物差しとなる。しかし、勝ち負けだけがすべてではないことも事実である。重要なことは努力して進歩することである。以前と比べて良くなったことは何か、その人に見られた成長は何かを見る目、これが２つ目の物差しである。障がいがあるがゆえに記録が悪かったり、うまくいかなかったり、勝てなかったりしたとしても、評価できる点はたくさんある。それを見るための物差しを指導者は持っていなくてはならない。

❺エンパワメント（Empowerment）

エンパワメントとは、個々人が自己決定したり、問題解決能力を身に付けていくという考え方で、障がい者の自立生活や権利擁護活動（アドボカシー）と結び付いた理念である。スポーツの世界に置き換えても重要な考え方で、監督やコーチなど指導者の指示に単純に従うのではなく、自分で考え、自分で判断できる人、自立した選手に育てることが重要である[4]。

★1　ノーマライゼーション
北欧から世界に広まった障がい者福祉の理念。障がい者が社会のなかで普通の生活が送れるような条件を整えるべきであり、共に生きる社会こそノーマルであるという考え方。

2 持続可能な障がい者のスポーツの普及のために

1．障がい者のスポーツ活動の現状

　厚生労働省「平成28年生活のしづらさなどに関する調査」によると、障がい者のうち、特に身体障害者の7割以上が65歳以上である。人は加齢に伴い、病気やけがなどにより何らかの障がいを負う可能性が高くなるといえる。つまり、われわれは誰もが障がい者となる可能性を持っているということに思い至ることで、障がい者スポーツを理解することが将来の自分たちのためにもなることなのだと気づくはずである。

　また、障がい児・者自体は年々増加している現状がある。しかし、日本国内の人口は減少しはじめているのに、なぜ障がい児・者は増え続けているのだろうか。ここで、特別支援学校が新設され、そこで学ぶ児童生徒数が増えていることに着目したい。日本は高齢化と同時に少子化が急速に進んでいる。そのなかで、障がいのある児童生徒が増え、特別支援学校の新設がなされているのは驚きともいえる。それは、急激に障がい児が増えてきているのではなく、医学の進歩により、以前であれば幼少期に命を落としてしまうような病気や障がいを持っていても、生きることができるようになってきたことも関係している。また、「特殊教育」★2から「特別支援教育」★3に変わり、理念や制度の改善が見られたこと、社会的なイメージ構築などの効果もあり、特別支援学校に通う児童生徒が増えてきている。もちろん、発達障がいというものが社会に知られるようになり、その対象者のニーズに合った教育を受けられ、学びの実感が得られることもあって、生徒数が増加してきていることも一つの理由といえる。

　しかし一方で、こうした現状にあっても、障がい者スポーツの競技人口は減少し続けている[5]。スポーツ庁の調査によると、スポーツ・レクリエーションを週1日以上実施している健常者が42.5%であるのに対して、障がい者（成人）は19.2%、障がい児（7～19歳）は31.5%と低い数値を示しており★4、余暇活動の充実が図られていないことがわかる。そこで、スポーツ庁は、数値目標として障がい者（成人）の週1回以上のスポーツ実施率を2020（令和2）年までに19.2%から40%とすること、また障がい者（若年層）の週1回以上のスポーツ実施率を31.5%から50%とすることを目標として定めている。

2．障がい者スポーツのための環境整備

　障がい者はスポーツをすることだけでなく、そのスポーツを楽しむ場に移動す

★2　特殊教育
障がいの種類や程度に対応して教育の場を整備し、そこできめ細やかな教育を効果的に行うという視点で行われた教育をいう。

★3　特別支援教育
障がいのある幼児児童生徒の自立や社会参加に向けた主体的な取り組みを支援するという視点に立ち、幼児児童生徒一人一人の教育的ニーズを把握し、その持てる力を高め、生活や学習上の困難を改善または克服するため、適切な指導および必要な支援を行う教育をいう。

★4
健常者の数値は「スポーツの実施状況等に関する世論調査（平成28年11月調査）」より、障がい者の数値は「平成27年度地域における障害者スポーツ普及促進事業（障害者のスポーツ参加促進に関する調査研究）報告書」より。

ることにおいても大きな障がいを感じていることも少なくない。スポーツ施設が
バリアフリーであるのか、公共交通機関でアクセスしやすい場所にあるのかなど、
注意してみるとさまざまなバリアが存在している。いつでもどこでも誰もがス
ポーツを楽しめる社会をつくり出すためにも、地域で活動できる体制づくりが求
められている[6]。

　また、障がい者がスポーツを行うためには、体力や技能、精神力などさまざま
な能力が必要であり、それらを高めることが必要不可欠だといえる。アダプテッ
ド・スポーツは、その対象の中心に障がい者や高齢者を置きながらも、個人の身
体的能力、年齢などにとらわれず、ルールや用具を工夫して、その人に適合させ
たスポーツを展開する。これは「ノーマライゼーション」（社会への完全参加）
の思想を背景にしたものであり、障がいの有無や性別、年齢を超えて、すべての
人々がスポーツ文化を共有しやすくするためである。この考えこそが持続可能な
障がい者のスポーツの普及に重要な意味を持つと考えられる。

■■ 3　アダプテッド・スポーツ支援が社会に与える影響

1．発達障がい児も楽しめるスポーツ支援を目指して

　2007（平成19）年4月から行われている特別支援教育では、従来から特殊教育
の対象となっていた「障がい」に加えて、小中学校の通常学級に在籍する「発達
障がい」や個別的な配慮を必要とする児童生徒も支援の対象に含まれる。しかし、
日本の特別支援教育の体育授業ではインクルージョンの普及自体が遅れており、
「障がい児体育」から「アダプテッド体育」への転換が先決問題となっている。
そこで以下では、発達障がい児へのスポーツ支援に視点を置いて述べていく。

　発達障がいの捉え方は、教育・行政・医療・福祉など異なる領域にまたがるな
かで必ずしも統一されているわけではないが、「発達障害者支援法」第2条では、
発達障がいを「自閉症、アスペルガー症候群その他の広汎性発達障害、学習障害、
注意欠陥多動性障害その他これに類する脳機能の障害であってその症状が通常低
年齢に発現するものとして政令で定められるもの」と定めている。なお、発達障
がいは、複数の障がいが重なって現われることもあり、障がいの程度や年齢（発
達段階）、生活環境などによっても症状は違ってくる。発達障がいは多様である
ことを理解したい。

　発達障がいは、脳機能の発達が関係する生まれつきの障がいであり、発達障が
いがある人は、コミュニケーションや対人関係をつくるのが苦手である。その行
動や態度が「自分勝手」「変わった人」「困った人」と誤解され、敬遠されること

も少なくない。それが、親のしつけや教育の問題ではなく、脳機能の障がいによるものだと理解すれば、「困った人」ではなく「困っている人」と捉えることができ、周囲の人の接し方も変わってくるのではないだろうか。

　発達障がい児も楽しめるスポーツ支援を考えるうえでは、アダプテッド・スポーツの考え方が重要となってくる。発達障がい児も楽しめるスポーツ支援を行うことは、障がいのない子どもにとっても安心して参加できる楽しい活動となることは言うまでもない。

2．発達障がい児一人ひとりに対応した支援および指導の工夫と実際

　発達障がい児へのスポーツ支援・指導上の留意点として、個々の障がいの特徴・状態を知ることは効果的な支援・指導を行うためだけでなく、安全面においても重要なことである。そして、発達段階および運動能力に応じた支援・指導を心がけること、そのなかで「できる」ことをたくさん増やしていくことが最も大切で、自己効力感を高める要因となる。支援の工夫としては、不安にならないようにプログラム内容について事前に絵カードにて提示しておくことや手本を行うなど、視覚的にわかりやすい指示や環境をつくること、具体的な指示を行うことで子どもたちが安心してプログラムに参加することができる。また、発達障がい児にとっては、自由時間などの「何をしたらよいかわからない時間」が不安な時間になることも知っておきたい[7]。

　次に、実際にK大学で実施されている発達障がい児を対象としたスポーツ支援の事例を紹介する。具体的には、学生のマンパワーを活用した「ニコニコ体操教室」である。ニコニコ体操教室は、すべての子どもがスポーツを楽しむことができる環境づくりに貢献することを目的とし実施されており、学生が中心となって指導案を作成し、模擬授業を事前に行ったうえで実際に子どもたちに指導を行う。

　この体操教室では、保護者と協力して子どもたちを育てていくというスタンスが取られ、体操教室中は保護者も一緒に活動を見守ってもらう。保護者の体操教室に期待する思いは、「日ごろできない体験をたくさんしてほしい」「自分の思いを相手に伝えられるようになってほしい」「団体で行動が取れるようになってほしい」「笑顔が増えて楽しい気持ちになってほしい」「元気に体を動かす遊びを楽しんでほしい」「集団のなかでいろいろな年代の子と接して、社会的ルールを身に付けてほしい」「お友だちとの関わりが上手になってほしい」など、身体的自立を望むものが多い。そのような思いに応えるため、一人ひとりに対応した支援および指導の工夫や環境整備など、支援者の育成もふまえた支援体制を包括的に整えていくことが求められる。

　ニコニコ体操教室では、「ダッシュ＆ストレッチ」「サーキット」「オリジナルゲー

ム」「つくってあそぼう」「スヌーズレン（光や音の感覚刺激空間）」といったプログラムを展開している。子どもたちは毎回変化のある活動的な「サーキット」プログラムを好む一方、「スヌーズレン」のように、安心して参加でき、高揚した気持ちを落ち着かせることができるプログラムも人気である。そうした活動のなかで、子どもたちの「できる」を育てるための３つの工夫を紹介したい。

❶子どもたち自身が「わかる」ための工夫

「あそこまで走ろう」を「青いコーンまで走るよ」となどと、具体物を示しながら伝えるようにすることで、子どもたちの混乱を避ける。

約束事を確認する際には、「○○しない」ではなく、「○○しようね」などと肯定的に伝える。例えば、「ボールをお友だちに向かって投げない」を「かごをめがけて投げる」などといったように具体的に伝えていく。

❷視覚的な支援

言葉だけで説明するのではなく、絵カードなどを用いて視覚的に伝えることでルールなどを理解しやすくなり、子どもたちの「やってみたい」という意欲につながっていく。また、見通しがあることで安心して活動に参加することができる。

❸用具やルールの工夫

子ども自身の参加意欲が高まるように、用具の工夫をすることも大切である。ルールにおいても本来のルールにとらわれずに子どもたちが取り組みやすいよう変更して実施することで、子どもたちの「できた」につながっていく。

以上が子どもの「できる」を育てるための３つの工夫であるが、ニコニコ体操教室で最も大切にしていることは、子どもに直接関わる学生と子どもとの信頼関係である。学生はこの信頼関係を築くことに最も時間をかけ、頭を悩ませるが、苦労した分だけ子どもに想いが伝わったときの喜びは大きい。この教室は子どもたちにとっては、学生の手を借りてスポーツをより楽しむことができる場となっており、学生たちにとっても大学の授業で学んだことを体験的に学ぶことができる貴重な場となっている。

アダプテッド・スポーツ支援は、対象者の理解を深めながら「支えるスポーツ」活動の喜びを感じることができることに加え、さまざまな人たちとの関わりが自身の価値観を豊かにすることにつながったり、スポーツ支援のスキルを高めることができる活動としての有用性を秘めている。

３．アダプテッド・スポーツとノーマライゼーション社会への期待

アダプテッド・スポーツを取り巻く環境は大きく変わろうとしている。スポーツ庁では、「スポーツを通じて幸福で豊かな生活を営むことは、全ての人々の権利」という「スポーツ基本法」の前文に掲げられた理念のもと、誰もが身体を動かす

ことを心から楽しみ、健康で、豊かな日本をつくるべく取り組みを進めている。

　土屋恵司は、「インテグレーションは、障がいのある者の側で障がいを克服して社会に参加していくという意味合いが強く、一方、インクルージョンは、社会の側が障がいのあるものを、障がいの性質・程度にかかわらず、あるがまま受け入れる、そのために社会の側が変わっていかなければならない意味合いを強く持つ言葉」[8]と示している。つまり、ノーマライゼーション社会の実現には、障がいがある人と健常者が共に関わり合える活動が必要であり、その活動には、障がいがある人が健常者に近づこうと努力する（インテグレーション）だけではなく、ルールや環境を障がいに適応させるために社会が変容していくこと（インクルージョン）も必要であるといえよう。しかしながら、このような理念が言葉としてあるだけでは、多くの人に共有されることは難しい。つまり、人々が頭でそれを理解するのではなく、具体的な体験を通して、その理念を「腹に落とす」ことが必要なのである[9]。

　2020（令和2）年に東京オリンピック・パラリンピックが開催される予定であるが、障がいのある選手が繰り広げる圧倒的なパフォーマンスを直に目にすることのできるパラリンピック競技大会は、共生社会の実現に向けて社会のあり方を大きく変える絶好の機会となるだろう[10]。

　ラグビーにはサッカーや野球のようなチーム別の応援席はなく、両チームのファンが入り混じって応援し、試合が終わると選手も観客席も「ノーサイド（敵味方なし）」という精神があるが、「障がい者」と「健常者」という枠の中でスポーツを捉えるのではなく、同じ空間で一緒にスポーツを楽しむ、スポーツの世界で共存することを多くの人が東京オリンピック・パラリンピックを通して体験することにより、ノーマライゼーションの理念を体現できる具体的なスポーツ活動につながっていくことを期待したい。

【引用文献】
1）日本障がい者スポーツ協会編『新版　障がい者スポーツ指導教本　初級・中級』ぎょうせい　2016年　p.10
2）矢部京之助・草野勝彦・中田英雄編『アダプテッド・スポーツの科学—障害者・高齢者のスポーツ実践のための理論—』市村出版　2004年　pp.3-4
3）日本障がい者スポーツ協会編『新版　障がい者スポーツ指導教本　初級・中級』ぎょうせい　2016年　pp.10-11
4）同上書3）pp.11-13
5）河合純一「障がい者スポーツの問題点」清水論責任編集『現代スポーツ評論』2013年　pp.70-73
6）同上書5）p.73
7）前掲書3）pp.45-48
8）土屋恵司「障害児統合教育の新たな展開」青少年問題研究会編『青少年問題』第45巻6号　1998年　pp.45-81
9）同上書8）pp.45-81
10）「2020年東京オリンピック・パラリンピックとの関係」厚生労働省『障害者基本計画（第4

次)』2018年　p.6

【参考文献】

・日本障がい者スポーツ協会編『新版　障がい者スポーツ指導教本　初級・中級』ぎょうせい　2016年

・矢部京之助・草野勝彦・中田英雄編『アダプテッド・スポーツの科学—障害者・高齢者のスポーツ実践のための理論—』市村出版　2004年

・行實鉄平「障害者スポーツに関わるトピックスと課題」森川洋・金子元彦・和秀俊編『障害者スポーツ論』大学図書出版　2014年　pp.123-126

【参考ホームページ】

・TOKYO 2020
https://tokyo2020.org/jp/games/about/paralympic/（2019年10月20日閲覧）

・日本オリンピック委員会
https://www.joc.or.jp/（2019年10月20日閲覧）

第11章 エクストリームスポーツ

● 第11章の学びのポイント ●

　本章では、オルタナティブな視点からスポーツを捉え、以下の３点から現代におけるスポーツの新たな姿について考えることが重要となる。
・後期近代におけるスポーツの新たな形式を理解しよう。
・スポーツにおけるフローを理解しよう。
・エクストリームスポーツの文化的価値を理解しよう。

◆ 1　接近—エクストリームスポーツの実態—

　ベースジャンプの一番いいところはね、創造的な滑りのために皆が探しに行くところではなく、誰も探すことがないような、こんな場所を探すことなんだ。スキーができそうにない場所を。最後には深い奈落が待っている。★1

マッコンキー

1．近代以降のスポーツ

　先の見えない断崖絶壁から飛び降りるB. A. S. Eジャンプ★2、万里の長城の壁をも飛び越えるスケートボート、マンションの10階にも到達しようかという高さの波に挑むビッグウェーブサーフィン、自由の女神にも匹敵する高さの滝から降りるウォーターフォールカヤック。危険としか言いようのない状況にあえて挑もうとする者たちがいる。

　本章では、こうした競技の枠を超えたExtreme sport（極限のスポーツ）（エクストリームスポーツ）について、とりわけ後期近代以降の新たなスポーツの形態として捉え、その実態を浮き彫りにしたい。

　スポーツは、近代化の過程において徐々に競争的性格を強め、ルールの標準化や中央組織の成立とともに制度化され、自主性などの内的報酬、また技術の誇示

★1
この言葉は、マッコンキー（S. McConkey）自身が出演するドキュメンタリーフィルム「McCONKEY YOU HAVE ONE LIFE. LIVE IT.」(kidsKNOW distribution, 2013)に収録されている。

★2　B. A. S. Eジャンプ
B. A. S. Eジャンプとは、Building（建物）、Antenna（アンテナ）、Span（橋の支柱）、Earth（自然）の略語で、高層から飛び降り、パラシュートを用いて着地するものである。最近では、ウィングスーツ（ムササビのような風貌）を着用することで、飛び降りたのちに飛行し、パラシュートを開く形態も存在する。

といった外的報酬を目指して実施される活動へと変化していった[1]。近代におけるスポーツは、良くも悪くも競争原理や勝利至上主義と切り離すことはできなかった。稲垣正浩は、経済発展との関連から、近代の日本人を「勤勉」という言葉で表現し、また後期近代以降のスポーツについては、現在という時間を「エンジョイ」する価値として「共生」の概念から説明する[2]。つまり、スポーツの新たな価値とは、「いつでも、どこでも、誰でも」という言葉に表されるように、競争原理でのみ説明されてきた近代スポーツに対向した、幅広い身体活動と志向性の受容を意味するのである。

2．オルタナティブなスポーツと勝敗（生死）

　alternative（オルタナティブ）なスポーツは、これまでの伝統的かつ支配的なスポーツとは異なり、後期近代において、資本主義や消費文化、あるいは社会・文化的構造などの歴史的変遷と結び付きながら表出してきた[3]。ラインハート（R. Rinehart）によれば、伝統的なスポーツとオルタナティブなスポーツの最も明確な違いは、主流スポーツの観客から幅広い支持を得られていない点であるという[4]。

　またブレイビック（G. Breivik）は、新たなスポーツの活動形態としてAlternative sport（オルタナティブスポーツ）、Adventure sport（アドベンチャースポーツ）、およびExtreme sport（エクストリームスポーツ）の3つを主に取り上げ、近接する用語について説明しているが[5]、明確に区別することは難しいといえる。

　例えば、オルタナティブスポーツについては、これまでの支配的なスポーツ文化との対極に置かれ、サブカルチャー（下位文化）★3をリードするグループや環境をつくり出す傾向にあると説明したうえで、Risk sport、Extreme sport、およびLifestyle sportを失敗によりけがや死を招く可能性があるものとして区別する。

　一方で、アドベンチャースポーツについては、adventureという言葉を、要求、挑戦、危険性あるいは中毒性を意味するものとし、非日常の特別で価値あるものだと説明する。そのうえで、「alternative、extreme、X、gravity、lifestyle、actionなどといった用語が付された広範なスポーツ、あるいは身体活動を含む」と説明されているが、エクストリームスポーツとほぼ同義で使用されているという。また、エクストリームスポーツについては、1980年代後半から1990年代初期にかけて、スカイダイビング、スキューバダイビング、サーフィン、ロッククライミング、スキー、登山、ハンググライダーなどといった活動を指していたが、1995年のExtreme Gamesを機に、"Extreme"という用語は若者スポーツの典型で

★3　サブカルチャー（下位文化）
『新社会学辞典』では、「ある社会の一部を構成する人々によって担われた特有な行動様式や価値基準によって特徴づけられた文化で、その社会の支配的な文化の一部に位置づけられながら、それ自体比較的顕著な文化」[6]と定義されている。

あるというように変化してきたものだと説明する。つまり、こうした伝統的なスポーツと対立しながら発展してきたオルタナティブなスポーツのなかで、失敗によってけがや死を招く可能性のあるスポーツが、アドベンチャーやライフスタイルなどといったさまざまな用語で説明されてきたのである。

　エクストリームスポーツについて、カイヨワ（R. Caillois）による遊びの４分類★4と原初性および創造性の対立軸7)を参考に考えるならば、まさにルドゥスの要素が強いイリンクスでありつつ、予見不可能な自然を相手にするアレアであるといえる。また、パルマー（C. Palmer）によれば、けがや死の可能性を含むこうしたスポーツの真の愛好家たちは、楽しい気晴らしとして取り組んでいるのではなく、むしろその活動の危険性を認識したうえで、日常生活では直面し得ない現実に意味を見出すことを根源的な理由としてリスクを冒し続けるのだという8)。

　ところで、本来であればエクストリームスポーツの発展に大きく寄与するX Games★5の詳細について詳しく取り上げるべきであるが、ここでは、エクストリームスポーツを競技としてのみ捉えるのではなく、生死をかけたより広範な意味合いからその実態に迫りたい。そのため、本章では、エクストリームスポーツを「ミスや事故が死につながる可能性が高く、それらを参加者自身が理解したうえで臨む、自然のなかで実施されるレジャー活動」と定義し9)、X Gamesについては、アメリカにおいて開催された大会の変遷を紹介することにとどめる。

　アメリカのスポーツ専門ケーブルテレビ会社であるESPNは、1995年に過激なスポーツばかりを集めたExtreme Games（翌年からX Gamesに変更）を開催し、世界中で注目される大会となった。1996年のX Gamesでは、スケートボード、バンジージャンプ、インラインスケート、スカイサーフィン、ストリートリュージュ、エコ・チャレンジ（expedition race）、BMXダートジャンプ、ベアフット・ジャンプ、クライミング、マウンテンバイクの９種目（27競技）であったが、2019年現在、11種目（45競技）にまで拡がる大会へと発展している（表11-1）。

３．日本のスポーツにおける伝統と逸脱

　西村秀樹は、武道における威嚇や挑発の禁止、眉剃りや金髪などの身だしなみの乱れといった品位・礼法に関する批判について、日本の武道・スポーツにおいて自我感情を表出したり、パフォーマンスを抑制しようとする精神性を「抑制の美学」と呼び、こうした日本における管理教育的な側面は、「本来の動機における自由・自主性や、技術・戦術における創造的要素を失ってしまう」と指摘する10)。特に、日本の伝統的なスポーツにおいては、逸脱のレッテルを貼られる行為や振る舞いの多くは批判され、排除される傾向にある。また、エクストリームスポーツは、サブカルチャーとの関連から言及されることが多く、伝統的なスポーツの

★4
第１章p.21表1-1
参照。

★5
X Gamesの歴史と競技内容については、X Gamesのオフィシャルウェブサイト内にある「HISTORY OF X GAMES」（https://www.xgamesmediakit.com/read-me）（2019年８月１日閲覧）を参考にした。

表11−1　X Gamesの歴史

| year | Summer | | | Winter | | |
	Name	City	State	Name	City	State
1995	Extreme Games	Newport	Rhode Island			
1996	X Games Two	Newport	Rhode Island			
1997	X Games Three	San Diego	California	Winter X Games	Big bear lake	California
1998	X Games Four	San Diego	California	Winter X Games Two	Crested Butte Mountain	Colorad
1999	X Games Five	San Francisco	California	Winter X Games Three	Crested Butte Mountain	Colorad
2000	X Games Six	San Francisco	California	Winter X Games Four	Monut Snow	Vermount
2001	X Games Seven	Philadelphia	Pennsylvania	Winter X Games Five	Monut Snow	Vermount
2002	X Games Eight	Philadelphia	Pennsylvania	Winter X Games Six	Aspen	Colorad
2003	X Games Nine	Los Angeles	California	Winter X Games Seven	Aspen	Colorad
2004	The 10th Anniversary X Games	Los Angeles	California	Winter X Games Eight	Aspen	Colorad
2005	X Games 11	Los Angeles	California	Winter X Games Nine	Aspen	Colorad
2006	X Games 12	Los Angeles	California	Winter X Games 10	Aspen	Colorad
2007	X Games 13	Los Angeles	California	Winter X Games 11	Aspen	Colorad
2008	X Games 14	Los Angeles	California	Winter X Games 12	Aspen	Colorad
2009	X Games 15	Los Angeles	California	Winter X Games 13	Aspen	Colorad
2010	X Games 16	Los Angeles	California	Winter X Games 14	Aspen	Colorad
2011	X Games 17	Los Angeles	California	Winter X Games 15	Aspen	Colorad
2012	X Games Los Angeles 2012	Los Angeles	California	Winter X Games Aspen 2012	Aspen	Colorad
2013	X Games Los Angeles 2013	Los Angeles	California	Winter X Games Global Expansion 2013	Aspen	Colorad
2014	X Games Austin 2014	Austin	Texas	Winter X Games Aspen 2014	Aspen	Colorad
2015	X Games Austin 2015	Austin	Texas	Winter X Games Aspen 2015	Aspen	Colorad
2016	X Games Austin 2016	Austin	Texas	Winter X Games Aspen 2016	Aspen	Colorad
2017	X Games Mineapolis 2017	Mineapolis	Minnesota	Winter X Games Aspen 2017	Aspen	Colorad
2018	X Games Mineapolis 2018	Mineapolis	Minnesota	Winter X Games Aspen 2018	Aspen	Colorad

注：アメリカで開催された夏期および冬期のX Gamesのみ記載しているが、現在ではアジアやヨーロッパなど、さまざまな地域で開催されている。

出典：X Games official website を参考に作成

文化とは対立的に扱われる。多くの場合、これらのスポーツに取り組む人たちや娯楽的なコミュニティは、より広い社会からの分離を好むという[11]。

　ベッカー（H. S. Becker）は、ある行動に対して他者から違反者としてのレッテルが貼られた結果として生じるものを「逸脱」と定義しており、行動それ自体というよりも、むしろある行動に対して反応する他者との相互関係から現出するものとして捉えている[12]。表11−2には、ある行動が規則に同調しているか、またそれが他者から逸脱と認定されているか、２つの側面から逸脱行動が区別されている。①と②は他者から逸脱と認定された行動であるが、①は規則に違反しており、②は規則に違反していない。つまり、規則に違反しており、それが自明であるため、①が逸脱であることは言うまでもないが、②は他者からそのような目が向けられてしまっていることを指す。つまり、濡れ衣を着せられているような状況である。また、③と④は他者から逸脱と認定されない行動であるが、③は規則を違反しているにもかかわらずそれが他者から気づかれていない状況であり、また④は、規則に違反していないことが他者から認められているため逸脱ではないと判断される。

　スポーツにおける逸脱については、禁止薬物の使用やアマチュアスポーツにおける金銭のやり取り、また指導者による選手への嫌がらせや暴力行為など、社会において広く認識されているという意味では①に該当するが、多くの場合、同様の行為は、他者から気づかれていない③の状況から、事件や事故などの報道によって他者の目にさらされ、①に転じる。

　以前、オリンピックの代表選手が現地入りした際に、その服装や態度が逸脱的であると話題にされたことがある。「日本代表たる者にふさわしい態度ではない」とのクレームが申し立てられたわけであるが、興味深い点は、選手の服装に関する批判が視聴者から所属連盟に殺到したという点である。日本オリンピック委員会（JOC）には「代表選手団公式服装規定」が定められており、そこでは「公式服装を着用しなければならない」と記載されていると報道されていたが、当該規定はそもそも公開されておらず、報道を見ていた視聴者がその内容を把握していたとは言い難い。そのうえ、当該選手は、公式服装を着用していなかったわけではなく、「服装が乱れていた」ことが指摘され、結果的に、選手村入村式の出席を自粛させられたのである。

表11−2　逸脱行動の４類型

	規則違反行動	順応的行動
逸脱と認定された行動	①正真正銘の逸脱	②誤って告発された行動
逸脱と認定されない行動	③隠された逸脱	④同調行動

出典：H. S. ベッカー（村上直之訳）『アウトサイダーズ―ラベリングとはなにか―』新泉社　1993年　p.31を参考に作成

　キッセ（J. I. Kitsuse）とスペクター（M. B. Spector）は、個人やグループが何らかの想定された状態について苦情を述べ、クレームを申し立てる活動のことを社会問題と呼ぶ。その際、クレームが申し立てられる過程に目が向けられるが、申し立てられたクレームの真偽やクレームに対する反応の正当性が問われることはないという[13]。先の「服装の乱れ」について考えるとすれば、日本代表にふさわしい服装ではないというクレームを申し立てる行為は社会問題として捉えられるが、そもそもそのクレーム自体の真偽やそれに対する他者の反応が議論の対象とされることは少ないのである。また作田啓一によれば、人は他者からのある種特別な注視によって「恥」を経験し、また刑事上の罰や世間からの非難を恐れて行動を抑制しているという[14]。西村の論考にも示されていたように、日本における伝統的なスポーツにおいて逸脱のレッテルが貼られるような行為は排除される傾向にあるため、多くの選手たちは規則に同調した行動をとることによって、他者から批判的な注目を集めないように振る舞っているのかもしれない。

■ 2　思考—なぜ、没頭できるのか—

1．フローへの侵入

　チクセントミハイ（M. Csikszentmihalyi）は、自身の行為にあまりに深く没入することによって、その活動が無意識的になり自動化される状態を「フロー（Flow）」と呼ぶ[15]。また、フローと重要な関わりを持つ感覚として「楽しみ」をあげ、その発生理由について、単に期待や欲求の充足だけでなく、それらを超えた予期しなかったことを達成する感覚によるものであると説明する。つまり、自身の能力と達成されるべき挑戦の難易度が大きく関係するのである。チクセントミハイは、図11-1を用いて能力と挑戦の2つの軸からフローの概念について説明する。

　例えば、何か新しいことに挑戦し始め、新たな経験で能力は高くないが、その活動が楽しいと思い始めているのがA_1の地点である。そして、その活動を続け、能力も高くなってきたため、少し退屈に感じ始めたのがA_2の地点である。あるいは、少し難易度を上げた課題に挑戦してみたが、難しすぎて不安を感じはじめたのがA_3の地点である。A_2の地点にいるのであれば、挑戦のレベルを上げることによって、再びA_4のフロー状態へと入り込めるかもしれない。あるいは、A_3の地点にいる場合、その活動を続けることで自身の能力を高めることができたときに、再びA_4のフロー状態へと導かれるかもしれない。つまり、自身の能力と挑戦の難易度が合致する部分がフローとして示されているのである。

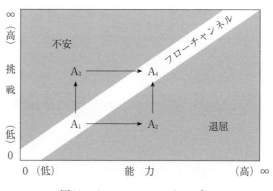

図11－1　フローのメカニズム

出典：M. チクセントミハイ（今村浩明訳）『フロー体験　喜びの現象学』世界思想社　1996年
　　　p.67を参考に作成

　1990年代から数多くのエクストリームスポーツに関する記事を執筆しているコ
トラー（S. Kotler）によれば、フローはスポーツの世界で頂点を極めるために避
けては通れない至高経験[★6]といえるが、従来のスポーツにおいては捉えにくい
概念でもあるという。フローは高度なパフォーマンスの証明のようなものである
一方で、ささいなミスが命取りとなるエクストリームスポーツの状況下において
は、それが唯一の選択肢となる[17]。つまり、エクストリームなパフォーマンスを
行う超人たちにとって、フローは必需品なのである。図11－1を用いて説明する
とすれば、パフォーマンスのレベルが高くなればなるほどA_4から右上へとシフ
トしていくことになるが、例えば、自身の能力が挑戦のレベルを大きく超えてい
る場合（A_3よりさらに上方）、重篤なけがや死を招く危険を伴う。反対に、挑戦
のレベルが自身の能力と比べて低い場合、そのパフォーマンスには満足できず新
たな課題を探すことになる。つまり、超人たちはフローに入り込める挑戦のレベ
ルを探すことになるが、選択を間違えると取り返しのつかない事態を引き起こす
可能性を秘めているのである。

2．“超”目的論的動機づけ

　遊びの概念において、個人の活動は、楽しさという感情によって内面から動機
づけられていることが前提である（第1章参照）。竹之下休蔵は、プレイ論の観
点から、スポーツは本来それ自体が目的になる活動であると述べ、商業化や国威
発揚などの現代スポーツにおける多面的な手段化の実態を問題視する[18]。目的と
手段が逆転するこうした状況は、スポーツの文脈だけに限ったことではないが、
超人たちがエクストリームスポーツに臨む際にも手段的な動機は存在するのだろ
うか。

　先のコトラーは、エクストリームスポーツに臨む多くの超人たちにインタ

★6
マスロー（A. Maslow）
は、自身がその力の絶
頂にいると感じられ、
能力が最善かつ最高度
に発揮されている契機
を「至高経験」と呼ん
だ[16]。

ビューを行い、どのような思考が彼らを突き動かしているのかについて検討している。コトラーは、彼らが最良の結果を得るために挑戦する態度について、「現在快楽型」と「未来志向型」に分類して説明する[19]。前者は、創造性に富み、自発的で、心が広く、リスクを恐れないエネルギッシュな存在であり、後者は、忍耐強く、成績も良く、健康で、楽観的であり、道徳的で、一般的に前者よりも優れているという。常に、楽しみという刺激を求める現在快楽型の超人たちにとって、パフォーマンス自体が報酬となるフローは最も心地良く、内発的に動機づけられた状態といえる。一方で、常に命賭けの状態であるエクストリームな状況下では、習熟レベルを格段に上げる材料となるのもまたフローである。つまり、快楽的な衝動を利用してフローに入ることが習熟レベルを上げる最短距離となり、彼らの進むべき方向を示す指標となる。ここに、「現在快楽型」と「未来志向型」の融和ともいえる超常的な動機づけが垣間見えるのである。

　エクストリームスポーツの先駆者といわれるマッコンキーは、撮影中の事故によって39歳の若さでこの世を去った。彼は、プロのスキーヤーであると同時にプロのB. A. S. Eジャンパーであったが、過去のインタビュー[7]において次のような言葉を残している。

★7
出典は★1に同じ。

　　限界に挑戦するとき、人は負傷を招く危険を冒す。僕たちの仕事は限界に挑戦すること、新しいクールなスタントを試すことだ。それだけだ。僕はいつも不安だ。だから面白い。賭けるから勝てるんだ。

　マッコンキーは、バックカントリースキーとB. A. S. Eジャンプを組み合わせたスキージャンプという新たな形をつくり出した。スキージャンプとは、スキーで滑走してそのまま崖からジャンプし、そしてパラシュートを開いて、着地するというものである。アクションスポーツの象徴といわれるパストラナ（T. Pastrana）は、B. A. S. Eジャンプについて、「飛ぶときには自由を感じるが、ほとんどの人はそれを知らない。そこに到達するという気持ちがとてもエキサイティングだ。ほとんどの人には分からないが」と話す[8]。特筆すべきは、多くの人にとって死を招きかねない避けるべきエクストリームな状況こそが、彼らを奮い立たせる唯一の動機づけであるということである。

★8
出典は★1に同じ。

3 眼差し―英雄か狂人か―

1. 演技者(パフォーマー)としての超人たち

　人間の本質を遊びをする存在としたホイジンガ（J. Huizinga）によれば、遊びとは「何ものかを求めての闘争」と「何かを表す表現」の2つの機能に分類され、「他人の前でしてみせる演技は象徴化されて、形象、イメージに充たされたもの」になるという[20]。また、ゴフマン（E. Goffman）は、行為の主体者を演技者(パフォーマー)、それを見る者を他者(オーディエンス)と呼び、彼らは互いにどのような役割を演じるべきかを認識していると述べる。ゴフマンによれば、行為が引き立つよう演技者(パフォーマー)によって表現されたものは、表局面（front region）において現出し、反対に、悪い印象を与えるような行為は表局面（front region）では表出しないよう抑制され、裏局面（back region）において現れるという。ゴフマンはこうした状況を「印象操作」と呼ぶ[21]。超人たちにとって、エクストリームスポーツに挑むことが表局面（front region）での行為だとすれば、先の「服装の乱れ」が指摘された選手の行為は裏局面（back region）のものだと捉えられるかもしれない。

　ところで、トフラー（A. Toffler）は、生産と消費の機能区分が不明確である場合（自給自足と捉えることもできるが）、自ら生産したものを自身のために消費する生産活動を生産＝消費活動(プロサンプション)と呼び、余暇活動を生産＝消費活動(プロシューミング)だと説明する[22]。命を懸けてまで挑戦するエクストリームスポーツにおいても、手段的な動機は見られなかった。それよりもむしろ、マッコンキーやパストラナの言葉からも、彼らの活動体験そのものが次の活動に向かわせる一番の動機づけになっていることがうかがえる。そこには、外部からの強制や義務などは存在せず、彼らは、自らの活動を自らのコミュニティにおいて生産＝消費活動(プロシューミング)し、それを繰り返しているだけなのだろう。

2. "映える"ことの意味

　エクストリームスポーツは、個人的な活動をいつでも、どこからでも発信可能にした現代のメディア環境との相性が非常に良い。またエクストリームスポーツは、スポーツにおけるカメラの使用を普及させたといわれる。写真やビデオは、パフォーマンスを記録し、学びを促進し、エクストリームスポーツというサブカルチャーのアイデンティティの構築に寄与している。そして、雑誌やインターネットは、こうしたエクストリームスポーツを国際的に広めているのである[23]。本題から外れるが、エクストリームスポーツとの関係を述べるために、現代のメディ

ア環境について少し説明を加えたい。

　現代社会は、情報発信が一方向であったマス・メディアの時代から、双方向に情報発信が可能な時代へと移行してきた。インターネットとデジタルデバイスの普及は、「『個対個』のコミュニケーションを容易にするとともに、音声のみならず、文字や画像、動画といった多彩な手段によるコミュニケーションを可能にした」[24]。2010年頃以降、多くのインターネットユーザーたちがソーシャルメディアを使用するようになったが、それらを広範に定義するとすれば、「Web 2.0[★9]を思想的、また技術的な基礎としてつくられた、ユーザーがコンテンツを創造したり、交換したりすることを可能とするアプリケーションの総称」となる[26]。具体的には、Facebook、Twitter、Instagram、LINEなどがユーザー数の多いソーシャルメディアとしてあげられるが、遠藤薫は、人間関係と情報の観点からこれらの特性について図解する[27]。図11−2は、縦軸に人間関係の間合い、横軸に情報の価値が示されており、例えば、LINEでは実生活において交友のある者同士でやり取りされる傾向にあるが、InstagramやTwitterにおける関係性は密接とは言い切れない。そのため、情報の軸に注目すると、LINEにおいては必然的に近密な内容をやり取りする場となる一方で、InstagramやTwitterでは新たな情報収集の場としての性質を持つことになる。特に、LINEを除くほかのソーシャルメディアは、不特定多数のユーザー同士で情報をやり取りすることになり、ユーザーによる主観的な評価によって、それらが拡散される。また、画像や動画を共有することが可能になるため、コンテンツとしての価値は、情報そのものの重要性よりも、ユーザー自身が日常的に目にしないようなおもしろさや特別さが重視されることになる。

★9　Web2.0
Web 2.0の定義は広範であるが、梅田望夫は「ネット上の不特定多数の人々（や企業）を、受動的なサービス享受者ではなく能動的な表現者と認めて積極的に巻き込んでいくための技術やサービス開発姿勢」[25]と定義している。

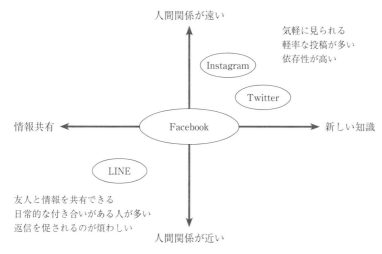

図11−2　ソーシャルメディアの特性

出典：遠藤薫「ソーシャルメディアの浸透と〈社会関係〉」遠藤薫編『ソーシャルメディアと〈世論〉形成─間メディアが世界を揺るがす─』東京電機大学出版局　2016年　p.54を参考に作成

3．共有され、拡張される超人たち

　「メディア」という言葉は、一般的にマス・メディアやコミュニケーション・メディアのように、情報の媒介、仲介を意味するものとして理解されているが、実際には、人間と対象をつなぎ、対象についての人間の経験を媒介するものとして説明される[28]。マクルーハン（M. McLuhan）によれば、メディアは人間の感覚の拡張であり、人間自身がメディアとなり、メッセージとしての意味を持つという[29]。また、メディアは単一の感覚における精細度（データの充足率）の高低によって拡張し、「冷たい」（cool）メディアと「熱い」（hot）メディアに分けられるという。例えば、視覚という感覚において漫画は精細度が低く、写真は精細度が高い。また、聴覚という感覚において電話は精細度が低く、ラジオは精細度が高いのである。つまり、coolメディアから与えられる情報は少なく、受け手は情報を補完しなければならないが、hotメディアから与えられる情報は多く、情報を補完する必要がないため、前者では受け手の参与性が高くなり、後者では低くなる[30]。

　先のソーシャルメディアの特徴は、情報の共有者がそれぞれ異なることにあり、それに付随して発信される情報の内容にも変化が生じる。例えば、Twitterにおいて動画に加えてURL付きの情報がリツイート（拡散）されてきた場合、情報量は多く、受け手の参与性は低くなるためhotメディアとなる一方で、写真のみが投稿されたInstagramの情報はcoolメディアになるだろう。こうしたソーシャルメディアの普及は、自らのエクストリームなパフォーマンスを世界中の人々に表現することを可能にした。われわれは、ソーシャルメディアを通じて見た前人未到のパフォーマンスに魅了され、さらにそれをソーシャルメディアを通じて拡散し、共有する。マクルーハンは、メディアを人間の感覚の拡張であると述べたが、超人たちは、自らのパフォーマンスからモチベーションを得る生産＝消費者（プロシューマー）として、エクストリームな挑戦を拡張し続けるのだろう。

【引用文献】
1）J. コークリー・P. ドネリー（前田和司・大沼義彦・松村和則編訳）『現代スポーツの社会学　課題と共生への道のり』南窓社　2013年　pp.10-11
2）稲垣正浩「後近代のスポーツ」稲垣正浩・谷釜了正編『スポーツ史講義』大修館書店　2003年　pp.84-87
3）S. Lyng, "Risk and Uncertainty in Sport," in R. Giulianotti (eds.), *Routledge Handbook of the Sociology of Sport*, Routledge, pp.293-302, 2015
4）R. Rinehart, "Inside of the Outside: Pecking Orders Within Alternative Sport at ESPN's 1995 the eXtreme Games," *Journal of Sport and Social Issues*, 22（4）, pp.398-415, 1998
5）G. Breivik, "Trends in adventure sports in a post-modern society," *Sport in Society*, 13, pp.260-273, 2010
6）松沢員子「下位文化」森岡清美・塩原勉・本間康平編『新社会学辞典』有斐閣　1993年　p.147
7）R. カイヨワ（清水幾太郎・霧生和夫訳）『遊びと人間』岩波書店　1970年　p.55

8）C. Palmer, "Death, danger and the selling of risk adventure sports," in B. Wheaton（eds.）, *Understanding Lifestyle Sports-Consumption, identity and difference*, Routledge, pp.55-69, 2004

9）E. Brymer, "extreme Sports as a facilitator of ecocentricity and positive life changes," *World Leisure Journal*, 51（1）, 47-53. 2009

10）西村秀樹『スポーツにおける抑制の美学―静かなる強さと深さ―』世界思想社　2009年　p.71

11）T. Crosset and B. Beal, "The Use of 'subculture' and 'subworld' in Ethnographic Works on Sport: A Discussion of Definitional Distinctions," *Sociology of Sport Journal*, 14, pp.73-85, 1997

12）H. S. ベッカー（村上直之訳）『アウトサイダーズ―ラベリングとはなにか―』新泉社　1993年　pp.16-34

13）J. I. キッセ・M.B. スペクター（村上直之・中河伸俊・鮎川潤・森俊太訳）『社会問題の構築―ラベリング理論をこえて―』マルジュ社　1990年　pp.119-120

14）作田啓一『恥の文化再考』筑摩書房　1967年　pp.10-23

15）M. チクセントミハイ（今村浩明訳）『フロー体験　喜びの現象学』世界思想社　1996年　p.67

16）A. H. マスロー（上田吉一訳）『完全なる人間―魂のめざすもの―』誠信書房　1979年　p.149

17）S. コトラー（熊谷玲美訳）『超人の秘密―エクストリームスポーツとフロー体験―』早川書房　2015年　p.73

18）竹之下休蔵『プレイ・スポーツ・体育論』大修館書店　1972年　pp.151-152

19）前掲書17）　pp.178-183

20）J. ホイジンガ（高橋英夫訳）『ホモ・ルーデンス―人類文化と遊戯―』中央公論社　1963年　pp.21-26

21）E. ゴフマン（石黒毅訳）『行為と演技―日常生活における自己呈示―』誠信書房　1991年　pp.124-133

22）A. トフラー（徳山二郎監修、鈴木健次・櫻井元雄他訳）『第三の波』日本放送出版協会　1980年　pp.382-398

23）前掲書3）　p.264

24）総務省『令和元年版　情報通信白書』日経印刷　p.4
http://www.soumu.go.jp/johotsusintokei/whitepaper/ja/r01/pdf/00honpen.pdf（2019年8月1日閲覧）

25）梅田望夫『ウェブ進化論―本当の大変化はこれから始まる―』筑摩書房　2006年　p.120

26）A. M. Kaplan and M. Haenlein, "Users of the world, unite! The challenges and opportunities of Social Media," *Business Horizons*, 53, pp.59-68

27）遠藤薫「ソーシャルメディアの浸透と〈社会関係〉」遠藤薫編『ソーシャルメディアと〈世論〉形成―間メディアが世界を揺るがす―』東京電機大学出版局　2016年　p.54

28）浜日出夫「メディアとコミュニケーション」長谷川公一・浜日出夫・藤村正之・町村敬志編『社会学』有斐閣　2007年　p.138

29）M. マクルーハン（栗原裕・河本仲聖訳）『メディア論』みすず書房　1996年　p.7

30）前掲書29）　pp.23-24

エンデュランススポーツの社会学

● 第12章の学びのポイント ●

　本章では社会学的視点から、エンデュランススポーツとはいかなるスポーツ
なのかということを論じていく。学びのポイントは以下の3点である。
・スポーツには社会を映す鏡としての側面があることをあらためて確認しよう。
・エンデュランススポーツの特徴である苦しさについて理解を深めよう。
・なぜたくさんの人々がエンデュランススポーツに参加するのか、自身の考え
　をまとめてみよう。

◆ 1　苦しさと確かさ

1．苦しさに向かう

（1）本章の問い

　本章のテーマであるエンデュランススポーツ（endurance sports）は、あまり
なじみのない言葉かもしれない。enduranceという単語を辞書で引いてみると、
そこには「忍耐（力）、がまん、しんぼう」「耐久性、持久力」「苦難、試練」といっ
た意味が記されている[1]。つまり、エンデュランススポーツとは長時間・長距離
にわたる心身への負荷（苦しさ）を主たる特徴とするスポーツの総称であり、例
えばマラソンやトライアスロンなどが該当する。

　エンデュランススポーツは、市民スポーツ・地域スポーツとして広く一般に親
しまれている。日本でも各地で多くの大会が開催され[★1]、そのなかで最も人気
が高いと考えられる東京マラソンの出場希望者数は、30万人を超えている[★2]。
このようにエンデュランススポーツが盛んになるのは、前述した特徴からすると
不思議なことだといえる。なぜなら、普通はできるだけ避けたいと思うはずの苦
しさに、たくさんの人々が進んで身をさらそうとしている、ということになるか
らである。社会で求められる苦しさを伴うエンデュランススポーツとはいかなる
スポーツなのか。これが本章で考えてみたい問いである。

[★1]
笹川スポーツ財団が
2013（平成25）年に行っ
た調査によれば、回答
した1,129市区町村の
うちの886市区町村
（78.5％）が、「耐久
性スポーツイベント」
を主催、共催、または
主管していた[2]

[★2]
2019年大会のマラソン
の部の場合、抽選対象
となる一般エントリー
枠（2万7,370人）に
は33万271人の応募が
あった[3]。

（2）この世の終末？

　問いの発端は、世界的なジョギング・ランニングブームに起こり、マラソン出場者が急増した1970年代から1980年代の間にさかのぼる。都市型市民マラソンの先駆的大会であるニューヨークシティマラソンを例にとると、1970年に126人の出場者を集めて始まった同大会の規模は、1983年には出場定員1万7,000人に対しておよそ4万4,000人が選外になるまでに拡大した[4)][★3]。ちなみに、このころにトライアスロンが新しいスポーツとしてアメリカで発祥し[★4]、日本にまで普及した[★5]ことも、上記のブームの延長線上に位置付けていいだろう。要するに、長時間・長距離の苦しさに向かうことが一種の社会現象になったのである。

　1980年代にニューヨークシティマラソンを目の当たりにしたボードリヤール（J. Baudrillard）[8)]にとって、それは「この世の終末を思わせる光景」だった。彼には、アテネまで走って勝利の伝令を届けたのちに亡くなったといわれるマラトンの戦いの兵士と同様に衰弱していく数多のランナーの姿が、まるで「死を追い求めている」かのように映った。しかしながら、兵士とランナーとでは、走る意味がまったく異なっていた。どのランナーも「自分自身の意志で最後までやり抜きうることを示すために」「ひとりで、勝つつもりもなく、ただ自分の存在を感じるために」、マラソンを走っていたのである。やや意訳的にまとめると、「この世の終末」とは、死に近づいてまで自分のことを確かめなければならない社会状況を悲観した表現だと考えられる。一体何が起こったのか。本節の後半で確認していこう。

2．確かさを求める

（1）後期近代社会

　エンデュランススポーツが社会現象化した1970年代から1980年代は、社会のあり方が「前期近代社会」から「後期近代社会」へと移行した時期にほぼ重なっている。亀山佳明[9)]によれば、この移行は社会のさまざまな場に作用する力に大きな変化を生じさせた。このことを示したのが、図12−1である。

　かつての前期近代社会では、右肩上がりの直線的な「上昇する力」が作用していた。例えば産業化は、「より良くなる」という未来への前向きな見通しのうえに推進されていた。ところが、環境問題のような弊害が明らかになってくると、前向きな見通しは「本当にこれでいいのか」と問い直されざるを得なくなる。この反省力が「回帰する力」である。回帰する力が作用するのは、いいことのように思えるかもしれない。しかし、ある問い直しの結果からはまた新たな問い直しが生じるため、回帰する力のもとでは「本当にこれでいいのか」が絶えず繰り返される。そして結局は何が正しいのか、どうしたらいいのかがわからなくなって

★3
日本でも、例えば50年以上の歴史がある青梅マラソンの出場者数が、1970（昭和45）年の1,193人から1980（同55）年には1万2,981人にまで増加している[5)]。

★4
1974年にサンディエゴで行われた大会が、今日に通じる世界初のトライアスロン大会だとされている。また1978年には、ハワイで現在のIRONMAN World Championshipの前身となる大会が始まった[6)]。この大会の競技距離はアイアンマンディスタンスと呼ばれ、スイム（水泳）3.8km、バイク（自転車）180.2km、ラン（ランニング）42.2kmで構成されている。

★5
日本初のトライアスロン大会は、1981（昭和56）年に鳥取県で開催された（現在の全日本トライアスロン皆生大会）。1985（同60）年には第1回全日本トライアスロン宮古島大会がNHKで全国に生中継され、社会的に大きな印象を残したといわれている[7)]。

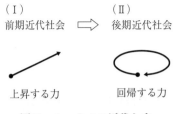

（Ⅰ）　　　　　（Ⅱ）
前期近代社会　⟹　後期近代社会

上昇する力　　　　回帰する力

図12−1　2つの近代と力

出典：亀山佳明「居場所」日本教育社会学会編『教育社会学辞典』丸善出版　2018年　p.251

　しまう。回帰する力がいたるところで作用する後期近代社会において、人々は「不確かさの蔓延＝確かさの喪失」という困難を抱えながら生きることになったのである。

（2）確かさとは

　ギデンズ（A. Giddens）[10] は、後期近代社会における根本的な心的問題として、生は受けるに値しないという「個人の無意味感」をあげている。裏を返せば、失われてしまった確かさとは、「これだ」という確信にも似た、生きる意味や根拠を与えてくれるものなのである。また後期近代社会では、確かさは生きていくために自ら探し求めなければならないものになったともいえるだろう。そのなかでたくさんの人々が行き着いたのが、エンデュランススポーツだったのである。

　ここで、ニューヨークシティマラソンについてボードリヤールが述べていたことを思い出してみよう。「最後までやり抜きうることを示すために」あるいは「自分の存在を感じるために」マラソンを走るランナーは、確かさを求めて長時間・長距離の苦しさに向かっていたのだと理解することができる。ただし、走り抜いた先の成果に基づく前者と、走ることそのものに由来する実感に基づく後者とでは、確かさの質が異なっているのではないだろうか。したがって本章では、前者の確かさを「達成の確かさ」、後者の確かさを「存在の確かさ」と呼んで区別することにしたい。そのうえで次節では、エンデュランススポーツに併存する2つの確かさに関する先行研究を取り上げることにしよう。

▚ 2　2つの確かさ

1．達成の確かさ

（1）近代の論理

　達成の確かさから始めよう。自身もランナーである原田達[11] によれば、ラン

ナーはマラソンを走ることで「近代の論理」を勝ち抜く疑似体験をしている。簡約すると、ここでの近代の論理とは、頑張ったからといって誰もが等しく報われるわけではないこと、またその責任が社会ではなく個々人に帰されることを指している。具体的には、受験戦争や就職活動、自己責任論や勝ち組／負け組の区分などを思い浮かべるとわかりやすいかもしれない。少なくとも表向きは平等にチャンスがあるのだから、あとは自分次第というわけである。特にこのような傾向は、確かさが自ら探し求めなければならないものになった後期近代社会において一層顕著になっている。

　そのなかでマラソンは、一見とても困難な外形をしていながら、実は走ることさえできれば誰もが報われる可能性を含んでいる。もしマラソンを走ったことがなければ、42.195kmという距離に圧倒されて「完走なんて無理だ」と思ってしまうかもしれない。しかし、そこから練習を重ねれば着実に完走に近づき、また競技中の苦しさに耐えて前に進み続ければ、それを実現することができる。原田にしたがえば、マラソンが人気を集めたのは、たとえ実生活に比べて疑似的であろうと困難に対して前向きな見通しを持てること、そして実際に何かを成し遂げられることの確かさが、人々にとって重要な意味を持ったからだといえよう。

（2）身体の物語

　八田益之と田中研之輔[12]は、トライアスリート（トライアスロン競技者）にとってトライアスロンをすることが、生活を一貫性あるものにする「物語」の獲得につながると指摘している。概して、前期近代社会には強固で支配的な価値観である「大きな物語」があった。大きな物語のもとでは個人の自由度は低いが、その価値観に即してさえいれば、（たとえ近代の論理による選別がなされていようとも）「自分はどのように生きるべきか」ということはさほど問題にはならなかった。それが後期近代社会に入ると、大きな物語の正当性が揺らぎ、自分の生きるべき物語を各々でつくっていかなければならなくなった。その過程では、「なりたい自己像」という目標を設定し、自分を問い直しながら努力を続けていく必要に迫られる。

　しかしながら、努力が報われるとは限らないこと、また問い直しに終わりがないことは、すでに述べてきた通りである。したがって人々の心のなかには、自分に満足することのできない欠落感がいつまでも残ったままになる。そしてこの欠落感を埋めるのが、トライアスリートの「身体の物語」である。トライアスロンでは、たとえ苦しくともゴールを目指して進み続ける限りは「常にプラス」の自分でいることができ、しかもその結末には達成感が保証されている。このようなトライアスロンの身体レベルで努力が報われる物語構造は、さまざまな制約下で大会に向けて練習を積み重ねる生活全体へと拡張し、日常に埋め込まれていく。

つまり「努力の有効性」を信じ、また競技を通じてそれを確認することで、トライアスリートたちは「自分はこれでいい」という確かさを見出しているのだと考えられる。

2. 存在の確かさ

（1）消耗のスポーツ

　続いて、存在の確かさに目を移そう。先ほどの原田[13]が強調するのは、マラソンが「消耗のスポーツ」だということである。マラソンではエネルギーの枯渇や筋肉の痙攣などが起こり、関節や内臓にも負担がかかり続ける。またこれらの身体的消耗に耐えながら42.195kmを走り抜こうとすれば、精神的な消耗も避けられない。繰り返して確認すると、こうした心身の消耗（＝苦しさ）が長く激しいものであるからこそ、近代の論理を勝ち抜くマラソンの達成の確かさが成立する。

　ただここで重要なのは、消耗そのものの意味である。マラソンにおける消耗とは、換言すれば自分の力を失っていくことであり、それは何かを得たり蓄えたりするよりも、むしろ捨てたり剥ぎ取ったりするといったイメージに近い。このことから原田は、消耗とは「身軽になること・荷を降ろすこと」であり、この体験がランナーに大きな快感を与えると分析する。普段の生活において、ランナーはさまざまな役割や義務、責任などを負っている。これらは累積して重荷となるが、放棄してしまっては生活が立ち行かなくなる。対照的にマラソンでは、ランナーは走るという身体的属性のみに単純化された社会関係のなかに身を置いている。そしてこの単純化を可能にするのが、苦しみながらただ走ることしかできなくなる消耗である。すなわち消耗とは、苦しさによって社会的重荷から解放された本当に自由な自分の体験であり、この体験がランナーにとって生きる意味を再解釈するよりどころになるのである。

（2）コントロールの競技

　国内屈指の強豪エイジグルーパー（年代別部門に区分される一般参加選手のこと）でもある八田[14]は、トライアスロンを「コントロールの競技」と定義付けている。彼によれば、この競技で結果を残すには、呼吸、血液、筋肉、骨などのセンサーを手がかりとして最後まで維持可能な最大負荷を探り、その程度を刻々と変化する状況下で終始一定にしなければならない。そのためには、いかに苦しさに支配されることなくコントロール可能な要素と向き合えるかが重要になる。機材を用いたペース管理や栄養補給なども含めて、コントロールなくしては身体の物語を進めることはできないのである。

　一方で、身体の物語がコントロールのみに終始するものではないこともまた事実である。八田[15]のIRONMAN World Championship出場記録のなかの、ランの後半からゴールにかけての場面を見てみよう。それまでの快調さから一転して、八田は消耗によって自らの力が失われ始めていることに気づく。まるで足が路面に引きずり込まれるかのように一歩一歩が重く、ペースも落ちていくばかりとなる。このいわばコントロールが利かない「キツい」状態で残り10kmを切ったとき、八田はふとこれまでに磨いてきた自身の技術を呼び覚まそうとする。すると彼の気持ちは、誰と戦うのでもなく自分にだけは負けないこと、身体に残るすべてを絞り尽くすことへと切り替わっていく。そうしてたどり着いたゴールの直前、八田は失われたはずの力がつかの間に湧き上がってくるのとともに、「この腕振りが、このモモの振り上げが、このキックが、私だ」と直観する。会場には、彼がIRONMAN（鉄人）であることを称えるアナウンスが響く。しかし226.2kmの道のりの果てに至ったのは、「称号なんてどうでもいい。私は今、ここにいる」という実感だった。苦しさのなかで、あるいはその果てでコントロールを超えたとき、トライアスリートは問い直す必要なしに存在する自分と出会うのである。

◼️ 3 苦しさの可能性

1．確かさへの回り道

（1）苦しさでなくてもいい？

　あらためてエンデュランススポーツに併存する2つの確かさの要点を整理しておこう。まず達成の確かさとは、長時間・長距離の苦しさを乗り越えるべき課題として努力すること、またその努力が報われうることの一貫性に根ざした確かさだった。次に存在の確かさとは、長時間・長距離の苦しさを契機として現れる、本当に自由で問い直す必要のない自分の確かさだった。このように前者と後者では、確かさの質はもとより、確かさに対する苦しさの位置付けも異なっているのである。

　ところで、たとえエンデュランススポーツにおける達成感が格別であろうとも、達成の確かさだけを求めようとするならば、努力の対象となる課題は長時間・長距離の苦しさ以外でも代替可能だと考えられる。もし人々が確かさを求める先がエンデュランススポーツでなければならないのだとしたら、またそこでの達成の確かさが固有かつ重要な意味を持つのだとしたら、それは苦しさとより直接的に結びついた存在の確かさがあるからではないだろうか。そこで本節の前半では、2つの確かさがどのような関係にあるのかを確認することにしよう。

（2）エンデュランススポーツの二重性

　エンデュランススポーツに2つの確かさを見出すことができるのは、それが明確な「二重性」[16]を帯びた実践だからである。まず長く苦しい過程に達成感のような成果を期待し、その獲得を目指して自分をコントロールしようとする点に、上昇する力に通じるエンデュランススポーツの合理性（純近代性）がある。しかし、自分から苦しさを求めて消耗し、コントロールが困難な状態になるという点からすれば、エンデュランススポーツには喪失に向かう非合理性（脱近代性）も認められる。獲得と喪失という真逆の性質が苦しさを介して競技中に両立すること、これがエンデュランススポーツの二重性である。

　エンデュランススポーツは苦しさを乗り越える強さと結び付けられがちだが、苦しさによって心身の力を失っていくランナーやトライアスリートは、強さだけでなく弱さを象徴する存在だともいえる。弱い存在は、苦しみながらゴールに向かって少しずつ前に進むことしかできない。だがその弱さゆえに、目の前の一歩が自分のすべてをかけたものになるからこそ、ランナーやトライアスリートは存在の確かさを実感することができる。エンデュランススポーツにおける達成の確かさがかけがえのないものになり得るのは、獲得した成果が自分という存在の確かさに裏打ちされているからなのである。村上春樹[17]は自身のエンデュランススポーツ経験から、「本当に価値のあるものごとは往々にして、効率の悪い営為を通してしか獲得できないものなのだ」と語っている。この言葉を本章の文脈に合わせて理解するならば、長い時間と距離をかけて喪失する弱さを経由するエンデュランススポーツとは、本当に価値のある確かさへと向かうための回り道なのである。

2．苦しさがつなぐ

（1）エンデュランススポーツにおける他者

　ここまで前提にしてきたのは、個人の実践としてのエンデュランススポーツだが、それはまた同好の他者とともに楽しまれるものでもある。トライアスロンの大会に行くと、トライアスリートの「仲間」[18] [19]に対する熱心な応援が目に留まる。また、仲間の選手同士で声をかけ合う様子も珍しいことではない。このときトライアスリートは、例えば「もう走れない」という気持ちになっても仲間の応援を糧に走り続けることができたり、反対に仲間の選手を応援するなかで、「自分も頑張らないといけない」と競技に対する思いを新たにしたりといった体験をしている。このような体験のことを、トライアスリートは「パワーをあげる／もらう」と表現する。

　仲間とのパワーのやり取りは、トライアスリートに苦しさを乗り越える力を与

えるとともに、いつもとは違う自分を感じさせる。仲間の選手との声のかけ合いを楽しみ、応援にも必ず返事をするというあるトライアスリートは、「声を出すことで気持ちが盛り上がり、脚もよく動く気がする」と述べている。また仲間に限らず、ボランティアなどにも「ありがとう」と言いながら走る彼は、なぜ普段は寡黙な自分が大会では愛想良くなるのかと不思議がる。不思議に感じられるのは、競技中の自身の変化が、他者によって思いがけず引き起こされたものだからだろう。エンデュランススポーツにおける確かさとは、個々に隔てられたものではなく、他者との関係のなかで互いに支え合われてもいるのである。

（2）スポーツと社会の未来に向けて

　選手に対する沿道の応援、飲食物を提供したり水をかけてあげたりといった非公式の支援、あるいは見知らぬ選手同士の会話など、エンデュランススポーツでは競技中に多様な交流がなされている。先にふれたボランティアと選手の関係について、全日本トライアスロン皆生大会（以下「皆生」）の例[20]をあげると、この大会のボランティアは、ただ所定の役割をこなすだけの存在ではない。自分から果物を選手に差し出し、苦しそうな選手には「大丈夫か」と声をかける。制限時間の間際に完走しようと必死に走る選手が来たときには、我を忘れて飛び跳ねるほど熱心に応援する。そしてそのようなボランティアの体験談には、限界に近づいて競技する選手を間近にして応援せずにはいられなくなること、選手から「ありがとう」と言われて自分の方が励まされることなどが綴られている。皆生のボランティアは選手とパワーをやり取りする関係にあり、そのなかで「＜自発的＞」に活動することができるのである。

　最後にボードリヤールにささやかな反論をして、本章を終わることにしよう。エンデュランススポーツは、必ずしもひとりで行われているのではない。その特徴である苦しさは、エンデュランススポーツを「する」者、「みる」者、「ささえる」者をつなぎ、それぞれの確かさを拓いていく。このことが、後期近代社会において求められる苦しさの核心なのだとしたら、「この世の終末」とは別の未来を展望してもいいはずである。

【引用文献】

1）小西友七・安井稔・國廣哲彌編『小学館英和中辞典（デスク版）』小学館　1981年　p.615
2）笹川スポーツ財団『スポーツ白書2014—スポーツの使命と可能性—』笹川スポーツ財団　2014年　p.233
3）東京マラソン2019一般エントリー募集／申込者数についてのお知らせ
　　https://www.marathon.tokyo/news/detail/news_001104.html（2020年 2 月25日閲覧）
4）T. ゴタス（楡井浩一訳）『なぜ人は走るのか—ランニングの人類史—』筑摩書房　2011年　pp.283-288
5）青梅マラソン　大会の歴史
　　https://www.ohme-marathon.jp/history/（2020年 2 月25日閲覧）

6）『トライアスロンJAPAN（1）』ランナーズ　1986年　pp.20-21

7）『トライアスロンJAPAN（5）』ランナーズ　1998年　p.27

8）J. ボードリヤール（田中正人訳）『アメリカ―砂漠よ永遠に―』法政大学出版局　1988年　pp.33-36

9）亀山佳明「居場所」日本教育社会学会編『教育社会学辞典』丸善出版　2018年　pp.250-251

10）A. ギデンズ（秋吉美都・安藤太郎・筒井淳也訳）『モダニティと自己アイデンティティ―後期近代における自己と社会―』ハーベスト社　2005年　p. 9

11）原田達「マラソンの現象学―ある心情の編制―」『追手門学院大学文学部紀要』29号　1994年　pp.63-66

12）八田益之・田中研之輔『覚醒せよ、わが身体。―トライアスリートのエスノグラフィー―』ハーベスト社　2017年　pp.56-66

13）前掲書11）pp.69-72

14）八田益之「潮騒のなかの祝祭―あるいは究極の身体マネジメント―」『渥美半島の風　創刊号』「渥美半島の風」社中　2016年　pp.10-12

15）前掲書12）pp.217-227

16）浜田雄介「純粋贈与としてのエンデュランススポーツ」広島市立大学国際学部〈際〉研究フォーラム編『〈際〉からの探求：つながりへの途』文眞堂　2017年　pp.211-213

17）村上春樹『走ることについて語るときに僕の語ること』文藝春秋　2010年　p.252

18）浜田雄介「エンデュランススポーツの実践を支え合う「仲間」―トライアスリートの互酬的実践の記述的分析から―」『スポーツ社会学研究』17巻1号　2009年　pp.79-83

19）浜田雄介「エンデュランススポーツの体験に関する一考察―広島県西部のトライアスリートの事例から―」『スポーツ社会学研究』21巻1号　2013年　pp.113-116

20）井上洋一・仁平典宏・石坂友司・浜田雄介「〈報告〉第6回奈良女子大学オリンピック・公開シンポジウム採録「オリンピックとスポーツ・ボランティア」」『奈良女子大学スポーツ科学研究』21巻1号　2019年　pp.60-63

4 新しい「旅」のかたち―スポーツツーリズム―

　家族とわいわい半日かけて車で移動し、民宿に泊まっておいしい地元の料理をいただき、大会当日は伊豆半島の豊かな自然のなかを自分の足で71km駆け抜け、ゴール後は疲れた身体を癒すために温泉宿にもう一泊…。これは市民ランナーである私が出場した「IZU TRAIL Journey」というトレイルランレースでの体験です。マラソンとトレイルランニングが趣味の私は、休日となれば全国各地の大会に赴き、走って食べて温泉に入って…。これが私の最近の旅行のスタイルです。まさに「スポーツツーリスト」の例えのようです。

　このように、スポーツ参加や観戦を目的とした旅行と、それらを実践する仕組みや考え方を「スポーツツーリズム（Sport Tourism）」といいます。スポーツツーリズムの学術的な定義はさまざまですが、ツーリズムを「観光」と解釈するのであれば、上記の表現がわかりやすいでしょう。わが国ではまだ馴染みのない言葉かもしれませんが、欧米では「スペシャル・インタレスト・ツーリズム（Special Interest Tourism）」の一領域として発展を遂げてきました。

　スペシャル・インタレスト・ツーリズムとは、旅をする者の特別な興味関心から動機づけられる観光形態のことをいい、例えば世界遺産を巡る遺産観光や、農業体験を目的として農村に長期滞在する農場観光等があげられます。「世界遺産を巡ってその地域の歴史的背景を学びたい」「農業体験を通じて作物を育てることの喜びや難しさを体感したい」といった特別な想いのもとに企画される旅行は、ガイドブック片手に有名観光地を回る旅行やバスガイドさんが一から十まで説明してくれるバスツアーとは様相が違うことがわかります。スポーツツーリズムも、私のようにマラソン大会に参加することを目的とした「スポーツ参加型」や、メガスポーツイベントを観戦することを目的とした「スポーツ観戦型」等、スポーツを実践したり観戦したりするという特別な興味・関心をもって行われる旅行という意味になるでしょう。

　さて、わが国では、2010（平成22）年に政府の観光立国推進本部で初めて「スポーツツーリズム」が取り上げられ、2011（同23）年には「スポーツツーリズム推進基本方針」が観光庁により策定されました。また、スポーツ庁も、スポーツによる地域活性化の政策のなかで、スポーツツーリズムの推進をうたっています。このように近年、日本では国家戦略として観光立国が位置づけられたのを機に、スポーツツーリズムは政策的な高まりを見せ始めています。

　では、なぜ観光の領域で「スポーツ」が注目されるようになったのでしょうか。日本の国土の約70％は森林であり、豊かな自然を有する日本のアウトドアスポーツ環境は国内外からスポーツツーリストを誘客できる可能性が高いといわれています。また、人々を引きつける特別な観光資源がない地域でも、スポーツイベントを開催すれば街に人を呼び込むことが可能になります。スポーツツーリズムの議論には、新たな地域資源の発掘、スポーツによるまちづくりの視点が欠かせないのです。

COLUMN

また、スポーツツーリズムは「人をつなげる仕組みづくり」でもあります。一つの事例として、2016（平成28）年から毎年11月に栃木県日光市で開催されている「日光国立公園マウンテンランニング」というトレイルランニングの大会を取り上げてみます。この大会は、日光市出身の若い登山家Ｓ氏が立ち上げた大会です。日光は、世界文化遺産を有する日本でも屈指の観光名所であり、年間多くの観光客が訪れます。しかしながら、地元の人々と一緒に新しい日光の魅力を創出したいと考えたＳ氏が着目したのは、日光の豊かな自然環境でした。日光の山域に詳しい地元山岳連盟の方々、日光を拠点として活動するアウトドアスポーツ運営団体の関係者、地元の商店街の方々等、多くの地元のみなさんの協力を得て、大会実現に至りました。トレイルランニングの大会運営を通じて、地域住民の新しいつながりを生み出すとともに、「山岳スポーツ」という新しい魅力を創出し、日光の自然を目当てに訪れるツーリストの誘客に成功したのです。スポーツによる地域活性化においては、地域経済がどれだけ潤ったのかという視点で語られがちですが、日光の事例のように、スポーツによって地域の人たちがつながって、自分の街の新たな地域資源を再発見することも非常に重要なことなのです。

　スポーツツーリズムの取り組みは、日本各地で急速な高まりをみせています。スポーツイベントに参加して仲間といい汗をかくのもよし、冬の雪深い温泉に泊まってウィンタースポーツを楽しむのもよし。あなたも、新しい「旅」のかたちを体験してみませんか？

【参考文献】

・一般社団法人日本スポーツツーリズム推進機構編『スポーツツーリズム・ハンドブック』
　学芸出版社　2015年
・原田宗彦・木村和彦『スポーツ・ヘルス・ツーリズム』大修館書店　2009年
・安村克己「スペシャル・インタレスト・ツーリズム」『よくわかる観光社会学』ミネルヴァ
　書房　2011年

COLUMN

5 eスポーツ

❶eスポーツとは何か

　eスポーツとは、「エレクトロニック・スポーツ（electronic sports）」の略で、コンピューターゲーム（パソコン・携帯電話・スマートフォン・ゲーム機等）を使用して他者と競技し、楽しむことをスポーツとして捉えたものです。海外では1990年代以降、インターネットの普及とともに広がり、2000年代ごろから世界各地で大規模な国際大会が開かれるようになり、選手はプロゲーマーと呼ばれ若者を中心に拡大しています。競技人口は、１億3,000万人ともいわれ、２億7,000万人のサッカーの半数に迫っています。2018（平成30）年にはアジア大会の公開競技[*1]として導入され、2024（令和6）年のパリオリンピックでの採用の可能性もでてきました。日本では2018（平成30）年12月に全国高校eスポーツ選手権[*2]の予選があり、153チームが出場、2019（同31）年3月には決勝大会が実施されました。2018（同30）年は「eスポーツ元年」といわれています。

　eスポーツに関するゲームは多様に存在しますが、主要なジャンルは次の5つに分類できます。①格闘ゲーム（「ストリートファイター」シリーズ、「鉄拳」シリーズ）、②FPS（First Person Shooterの略、一人称視点のシューティングゲーム）、③バトルロイヤル（最後の1人を目指すゲーム）、④オンライン・カードゲーム（思考型のeスポーツ）、⑤スポーツゲーム（実際のスポーツをデジタル化、「実況パワフルプロ野球」シリーズ、「FIFAサッカー」シリーズ）であり、そのほか多数のゲームがeスポーツとして楽しまれています。

❷eスポーツはスポーツなのか

　スポーツとは、ラテン語の「運び去る」「運搬する」という意味の「deportare」が、英語の「日常から離れる」という意味の「disport」となり、現在のスポーツ「sport」となったといわれています。スポーツとは、日常のストレスを取り除くものであり、遊び、娯楽、競技の要素を持つ文化です。欧米ではゲームを含むこともあります。そういう意味では、eスポーツはスポーツであるといえるでしょう。チームワーク、反射神経、動体視力、集中力、持久力等が求められ、感動も得られるところから身体活動としてのスポーツの要素も持っています。IOC（国際オリンピック委員会）は、eスポーツをオリンピック種目にする可能性を探っているといわれています。ただし、スポーツを身体競技や体育をイメージする日本では抵抗感があるのも事実です。

❸eスポーツの未来

　eスポーツは、2018（平成30）年のユーキャン新語・流行語大賞でトップテンに入賞するなど、コンピューターゲームとしてではなく、スポーツとして認知される可能性もあります。近年、VR（バーチャル・リアリティ、仮想現実）を生かした動きの

COLUMN

激しい現実のスポーツと変わらない運動量や体力を使うeスポーツもあります。身体活動として認知されている日本的イメージのスポーツというより、娯楽的なレクリエーションとしてのニーズとして普及していくのではないかという指摘もあります。また、見るスポーツとしての普及の可能性もあり、テレビやSNSを中心に映像が活用されていくことで人気を博していくことも期待できます。

❹自治体および産業界の支援

　自治体においてeスポーツ振興の機運があります。例えば、政令指定都市の福岡市では、2019（令和元）年度一般会計当初予算に「eスポーツビジネス創出」として300万円を計上しました。コンピューターゲームで対戦する競技eスポーツの認知度向上やビジネスマッチング支援に取り組むとしています。福岡市では「EVO Japan2019」というeスポーツ大会が2019（平成31）年2月に開催され、同市も支援しました。産業界でも、2018（同30）年2月に業界団体として「日本eスポーツ連合」が設立され、プロライセンス制度の創設などを通して認知度向上を目指しています。

❺日本におけるeスポーツ普及のための課題

　ゲームは遊びであり、娯楽であり、息抜きであるとする考えが根強い日本での普及を目指す場合、スポーツとしての市民権を得るための対策を積極的に構築していくことが必要となります。またeスポーツのコンテンツに関しては、格闘やシューティングゲームなど暴力性の排除の必要性も指摘されています。さらに、現代社会の社会問題の一つである青少年の携帯電話およびスマートフォン依存とeスポーツ普及の関係性を認識するということもあります。世界保健機関（WHO）は、2019（令和元）年5月に最新版国際疾病分類で「ゲーム障害」を依存症の一つに加えました。インターネット依存が疑われる中高生が推計93万人（厚生労働省研究班調査：2017［平成29］年度調査）といわれる現在、eスポーツの普及がさらなる依存症の拡大につながらないように配慮することが重要でしょう。スポーツは文化です。その文化を脅かす新たな存在にeスポーツがならないように期待したいものです。

＊1
日本からも選手が出場しており、サッカーゲームの「ウイニングイレブン」の種目で金メダルを獲得しています。

＊2
第1回全国高校eスポーツ選手権（毎日新聞社主催、株式会社サードウェーブ共催）
決勝大会：千葉県の幕張メッセにて2部門で実施
　①3対3で対戦するサッカーゲーム「ロケットリーグ（Rocket League）
　②5対5で対戦する陣取りゲーム「リーグ・オブ・レジェンド（League of Legends）

COLUMN

未来を拓くスポーツ社会学

2020 年 4 月 1 日　初版第 1 刷発行

編　　者	山田　明
発 行 者	竹鼻　均之
発 行 所	株式会社みらい
	〒500-8137　岐阜市東興町40　第 5 澤田ビル
	TEL　058-247-1227（代）
	FAX　058-247-1218
	http：//www.mirai-inc.jp/
印刷・製本	サンメッセ株式会社